懂得精準觀察，就能清晰表達

日本NO.1的「觀心」溝通學，輕鬆創造百倍「高聊效」！

深谷百合子—著　黃詩婷—譯

賢い人のとにかく伝わる説明100式

序言

「分明很仔細說明，結果對方居然問：『所以你到底要說什麼？』」
「我的說明聽在對方耳中跟我原本的意思完全不一樣。」
「明明是花費很多時間撰寫的文件，卻被批評得一文不值、不斷修改。」
「明明就是對於對方以及公司來說都相當有利的提議，對方卻不肯行動。」
「越是希望對方理解而拚命說明，就感覺對方變得越煩躁。」

你是否有這樣的煩惱呢？

越是擁有絕妙的點子和能力、又有熱情的人，就越是無法在自己與對方的「鴻溝」上順利架橋，結果總是揮棒落空，導致無法好好把他人帶入計畫，也沒辦法發揮自己原本具備的力量，實在是非常可惜。

如果事情進行得不順利，我們很容易就會認為是「自己技不如人」，所以肯定會有人為了提高「說明能力」，開始努力記住「撰寫」、「說話」等說明的**「技巧」**並加以實踐吧。

但是，如果你一心只想著「提升技能」，那麼很遺憾地，你將無法達成「說明到位」這個目標。

這是因為「撰寫」、「說話」等「技巧」，只不過是在自己與對方之間「如何建立橋梁」的「手段」罷了。說到底，如果根本不明白「對方與自己的距離大概有多遠」，那麼就算不斷學習架橋的方式，實際上也沒辦法建造出那座橋梁。

如果希望自己的說明到位，那麼你需要的是「觀察」。也就是要好好觀察對方，了解自己和對方之間的「差距」。對方是處在什麼樣的狀況下？他想要聽到些什麼？想變成什麼樣子？知道這些事情，才有了說明的**「基礎」**。

建立這個**「基礎」**以後，再使用說明的**「技巧」**，就能夠有效率地在對方與自己之間搭起橋梁。

本書就是要告訴你如何掌握這些「基礎」及「技術」，並教你如何更加順利說明的訣竅。

我曾在製造商擔任技術人員工作超過二十年，但我並非理科出身，所以剛進公司的時候負責的是總務工作。

不過在我三十二歲的時候，突然成了技術人員在工廠工作，畢竟是完全不同的領域，所以在我周遭交錯出現的專業術語，我一個也聽不懂。不管是上司的命令、交給我的資料、客戶詢問的事情……全部充滿了我不懂的詞彙。

因此我努力集中精神，試著實踐「專注觀看實際存在的東西」、「仔細觀察背後的現象」，盡可能將詞彙與印象結合在一起。若是眼睛看不見的東西，我就會去問對這方面比較了解的人「有沒有類似的物品？」然後盡量發揮想像力。在下了這些工夫以後，我逐漸能夠理解那些專業術語的意義，不知道從什麼時候開始，我也可以用自行消化過的簡單方式，說明給其他不懂專業術語的人聽了。

之後我便開始擔任工廠的「後場指引者」，對那些來工廠參觀的年輕人甚至是專家們做講解，還可以對著媒體說明企業推行的環境保護政策、相關的設施及設備等等，同時也在市民講座或到學校擔任來賓與講師。

當我不斷對部下、上司、不同部門的員工、他社人員等與自己立場不同的人進行說明，並累積經驗之後，此時我發現了一件事。那就是：如果抱持「我要讓他理解」的心情來說明，對方就會不為所動，因此也無法獲得自己想要的成果。

而當我開始轉念，想著**「我要自己先去了解對方才行」**之後，就能站在對方的立場進行說明，工作也變得相當順利。**因為我已經知道，什麼樣的話語能夠打動對方，以及該怎麼說明才能夠互助合作。**

後來我經由獵人頭公司，轉職到中國的國有企業工作，當我遇到那些價值觀相異的人，並且發生問題需要解決時，這些經驗也幫上了大忙。

一回神才發現，我的上班族生活就不斷在「怎麼表達才能好好說明？」、「怎麼做才能讓對方開始行動？」的試錯挑戰中，匆匆走過了二十年。如今我已經開始獨當一面，除了在研習活動中擔任職場溝通術的講師之外，也教導那些「不擅長說明」的個人或創業家們，如何才能將事情說得簡單易懂。

本書是從我努力的心血中，挑選出的一百條「將自己思考的內容正確傳達給對方、讓對方能夠接受，並開始行動的說明訣竅」。你可以按照順序閱讀，也可以根據「這種時候該怎麼說明才好？」的需求，直接從該項目著手。本書的形式靈活，兩種情況皆能活用。

只要一條條地徹底實踐，那麼你自己的「工作信念」和職場的「工作方式」應該都會有所改善。

請以本書為基礎，跨出你「擅長說明」的第一步。同時也為你自己，以及與你有關之人的關係，開拓出一條嶄新的可能吧。

深谷百合子

目錄

第1章 不再有誤會、誤差的說明

第2章 配合各種對象的表達方式

第3章 如何架構容易理解的說明方式？

第4章

讓人覺得有趣而通過提議的說明方式

第5章 靠心理學讓說明更加順利

第6章 使用資料說明

第7章 簡報說明

第8章 電子郵件、線上聊天說明

第9章 線上時代的說明技術

這種時候該讀哪個章節？

這種時候	讀哪個章節？
覺得「我都說明了，為什麼還不能理解啊」的時候	第1章
要給部下指令的時候	
覺得雙方話題牛頭不對馬嘴的時候	
想把困難的內容消化後加以說明的時候	第2章
不想用專業術語說明的時候	
想跟經驗值相異的人說明的時候	
被問「結果你到底是要說什麼」的時候	第3章
希望對方能有意願聆聽的的時候	
想把說明內容長話短說的時候	
對上司或客戶提議的時候	第4章
因為顧客需求而必須說明的時候	
覺得自己的話語沒有說服力的時候	
想要符合對方的類型使用適當說法的時候	第5章
想要激勵部下開啟「幹勁開關」的時候	
想敦促對方起身行動的時候	
想毫無遺漏說明狀況的時候	第6章
即使對方很忙碌也希望他過目資料的時候	
想把調查的內容簡單告知的時候	
希望簡報能夠引人入勝的時候	第7章
要在許多人面前說明的時候	
想在有限時間內完整表達的時候	
使用電子郵件、聊天程式進行報告、連絡、指示的時候	第8章
不知道該不該用表情符號的時候	
覺得文字溝通有困難的時候	
線上開商務會議或簡報的時候	第9章
因為是線上活動而不懂對方反應感到不安的時候	
線上面試時想提升自己個人印象的時候	

第1章

不再有誤會、誤差的說明

01 問出對方想知道的事情後再開始說明

我還是個上班族的時候，工作是負責說明工廠的環境保護對策。這個工作是為了讓當地居民和前來參觀的人都能夠理解、並且信賴我們工廠。

有一次我們舉辦「居民說明會」要向大家解釋工廠新引進的設備。

「這間工廠引進了大規模的太陽能發電設施，是針對地球暖化問題所進行的對策。」

如此說明以後，聽的人都給我一種「喔？」的感覺。

在我依照流程說明完以後，一位男性提出了問題。

「環境保護對策的事情不是很重要啦，工廠屋頂上會冒白煙耶，那個是什麼啊？裡面有沒有什麼有害物質？」

這時候我才發現一件事情，先前我所做的根本就不是「說明」而是「演講」。我拚命只把自己想說的事情說完，根本沒有說到什麼對方想聽的事情。居民們想要知道的，並非「工廠在環保這方面執行了什麼樣的對策」而是「對於公害與身體健康的影響」還有「工廠的安全對策」等。

之後如果必須要說明什麼事情的時候，我就會先**思考「對方想聽的是什麼？」而不再是「我要說什麼」**。盡可能先詢問對方，具體來說你想知道些什麼呢？然後再以回答的方式來進行說明。

比方說，特地遠道而來參觀工廠的客人，他們想知道的並非那些看一看公司網站就可以知道的事情，而是到了現場、只有負責人才能說出口的東西。

自從**先掌握對方想聽的事情再進行說明**以後，先前那總是只有「喔？」的反應也變得大不相同。大家開始會對我說「聽到這些話我就安心了」、「我們也是這麼辛苦呢」等等話語。如此一來也就能夠達成原先「讓對方理解、並且信賴工廠」這個目的。

POINT

不要光顧著說自己想說的事情，要提出對方想知道的事情。

02 你的理所當然或常識，不是社會的常識

這裡我要問大家一個問題。

「在東海道新幹線上看見的富士山是在左邊？還是在右邊？」

馬上浮現在你腦海中的答案，是「右邊」還是「左邊」呢？順帶一提，我是「左邊」。如果這時心想「啊？怎麼會是左邊？」的人，想必你是住在關東以東的地方吧。其實，我也是跟住在東京的人聊到新幹線人滿為患的狀況時，才發現這件事情的。

對方：「今天新幹線很多人嗎？」

我：「最近真的很擠，能看見富士山的兩人座窗邊E座永遠都沒空位。」

對方：「喔，右邊的座位喔。」

我：「（心想）右邊？」

東海道新幹線車子往東京方向開的時候，富士山會在左邊。因此對於從中部地區或者關西地區前往東京的人來說，以自己居住的地方為起點的話，富士山是在「左邊」。然而對於從關東搭乘東海道新幹線離開東京的人來說，富士山是在「右邊」。也就是說，對於從東京搭車離開的人來說，「富士山在右邊」是理所當然的；但對於搭車去東京的我來說，「富士山在左邊」才是理所當然的。因此我們的「理所當然」根本就不一樣。

「左右」、「正反」這種概念，從不同方向看就會完全相反。所以我們必須要以「朝東京方向的左邊」為基準，或是用「兩人座的靠窗座位」[1]這種**不管從誰的角度來看，都會得到一樣結果的話語**說明才行。

就像這種情況，大家要知道**我們自己看到的世界與對方看到的世界，不一定是完全一致的**。大家有沒有遇過一些情況，就是某些自己很常使用的詞彙，後來發現，其實只有自己公司內會這樣說而大感驚訝呢？在選擇詞彙的時候，前提就是要記住：自己覺得理所當然的事情，對於眼前的人來說或許並非理所當然。

POINT

想像對方眼中的世界來選擇詞彙。

註1：東海道新幹線的座位在走道兩邊，分別是三人座和兩人座，靠窗座位為A和E。

03

帶路不要光靠Google地圖

假設有客人要前來你的公司，對方是第一次過來拜訪。你會怎麼協助對方，引導他抵達公司呢？

現在有Google地圖等地圖APP，簡單就能知道要怎麼走到目的地、需要多少時間。只要把地圖APP上取得的所在地連結傳給對方，就算沒有詳細說明，APP也會自動幫忙帶路，實在非常方便。

但你有沒有過這樣的經驗？

在地下鐵車站，從地圖上指定的出口來到地面的瞬間，就不知道該往哪條路走了。雖然地圖指示「從1號出口出站，往東邊走300公尺」，但根本就不知道哪邊是東邊。

要在不認識的地方搞清楚方位可不是件簡單的事情，地圖APP上雖然會標示方位，但是從地下剛上來到地面，其實也不一定能夠正確顯示所在地。

當客人第一次來的時候，請不要只傳地圖APP的連結給對方就結束了，應該先調查好有什麼地方可能會讓人產生困惑。接下來再多加上幾句引導的說明，這樣就會更加親切。

「從1號出口出來之後，往右邊走300公尺。」

不要用「東南西北」而是以「右邊、左邊還是直走」來說明，基準就會比較明確，對每個人來說都會很好理解。**只要從對方的角度思考，應該就能在帶路的時候做到親切又讓人容易理解。**

帶路並不單純是指引對方前往目的地，而是讓你能順利和對方見面，這才是最終目標。

只要在說明的時候多一個步驟，表達方式就會更上層樓。而且也會給對方一個「這個人頗有能力」的良好印象。

POINT

從對方的角度來說明。

04 「想表達的事情」與「認知到的事情」真的一樣嗎？

大家認為「表達」的第一步是什麼呢？「表達」的第一步，就是要能夠與對方共享「自己要說的事情」和「對方接收到的事情」這兩個概念。如果對方的腦袋裡沒有浮現出具體概念，又或者他感受到的東西與自己並不相同，那麼引起誤會或者誤差的可能性就非常大。

我記得還在中國工作的時候，我曾向部下指示要如何進行配管的改造工程，並向對方說明了「為什麼要改造」以及「要如何改造」等事項。

交給部下幾個月之後，我接到報告說「配管工程已經完成」，我馬上就前往現場確認。但是在工程完成之後，應該要打開的閥門，卻是關閉的。

這個時候我提醒他們「閥門沒有打開不能稱為完成」，但我同時也發現到，這是因為我沒有和部下建立何謂「完成」的共同目標概念。

對部下而言，「完成」是指「新的配管接好了」；但對我來說，「完成」則是「新的配管接好之後，閥門也已經打開的狀態」。

這真的只有來到「自己的常識」不通用的環境時，才會發現到「建立共同概念」的重要性。先前對部下說明改造工程的時候，我在說明結束時只問過他們：「是否ＯＫ？」要是能進一步確認，**「請對方用自己的方式說明一下要做哪些事情」**，想必部下和我一定都能夠相當愉快地做完這件工作。

說明時最重要的就是，**選擇能夠讓對方在腦袋裡浮現具體概念的話語。**同時在說明結束之後，也**請對方用自己的方式講述一遍他想像的內容**。這樣一來，就能夠避免誤會或誤差的發生。

POINT

關於已經說明的內容，要共享自己與對方內心描繪出的概念。

05

提升概念解析度的話語①「也就是〇〇的意思」

會發生誤會及誤差的原因之一，就是說明的人與聆聽者之間並沒有建立「共同概念」。但是通常在說明完以後，如果向對方確認「知道了嗎？」對方大概都會回答「知道了」。這種時候，對方其實「根本沒有具體的概念，卻覺得自己已經明白了」。

我也曾在接到上司指示的時候，覺得自己已經了解了，但等到真的開始處理時才發現「那是什麼意思啊？」因為沒有搞清楚狀況造成結果出錯。

這個時候最重要的就是，**為了讓你說明的事項，在對方腦中產生相當明確的概念，就要盡可能提升「解析度」**。因此你需要使用到三種句子，其中一句就是：

「也就是〇〇的意思。」

為了讓對方更加明確掌握說明內容的概念，就要將抽象化的詞語改用其他的字彙來解讀，此時採用這樣的句子效果就會非常顯著。

比方說，就算告訴對方「敝社的立業基礎就是『At your side』精神。」但對方如果無法具體理解什麼是「『At your side』精神」，這樣說明就完全沒有辦法讓對方了解它真正的含意。

「敝社的立業基礎就是『At your side』精神。也就是說，我們會聆聽顧客的問題與意見，思考我們能為對方做些什麼，然後把這些事情化為具體做法的意思。」

就像這樣，使用其他詞彙來補充說明，就能讓對方理解你想說的內容。

另外還有像是，不要只說「我住在中國時，淋浴間跟廁所都在同一個空間，廁所地板跟淋浴間地板也沒有隔開。」而是要繼續說明：「也就是說，洗澡的時候，廁所的地板也會濕掉。」這樣一來，聆聽者就能進一步想像實際的情況。

POINT

用「也就是說」來換句話說，就更容易想像內容。

06 提升概念解析度的話語②「比方說」、「舉個例子的話」

為了讓聆聽者的腦袋裡能夠產生明確概念，提升「解析度」的第二個句子就是以下的句型。

「比方說」
「舉個例子的話」

當你已經大致說完整體的內容，或是在解說中使用了專業術語、業界用語、流行語等詞彙時，這個句型用來補充相關說明就非常好用。

當你只說「我們的日常生活受惠於機械的情況不少」，那還不如這樣告訴對方：**「我們的日常生活受惠於機械的情況不少。比方說，洗衣機和微波爐等家電用品讓我們能輕鬆做家事；電腦還有智慧型手機讓我們能夠快速處理並傳達大量資訊；另外還可以使用汽車、電車以及飛機等工具自由移動。」**這樣對方一定能有更加具體的概念。

另外，如果「說明者」和「聆聽者」彼此對專業術語、業界用語的理解程度一致，直接使用就能讓對方更快速地理解。

然而，若雙方的理解程度有所差異，那就完全無法傳達內容。

比方說，提出「雷射加工機是用透鏡將雷射光線縮小，用來照射、切斷金屬板的機械」，沒看過的人還是很難想像出這到底是什麼機械。但是若告知**「雷射加工機是用透鏡將雷射光線縮小，用來照射、切斷金屬板的機械。舉例來說，就跟拿放大鏡把陽光聚成一束光線，讓黑色紙張燒起來是一樣的道理。」**這樣說明就會非常容易想像。

你可以試著用這種方式，將艱澀的詞彙或專業術語比喻成具體的例子，或是每個人應該都會知道的東西。

POINT

使用具體範例或比喻使人更容易想像。

07 提升概念解析度的話語③「具體來說」、「詳細地說就是」

為了讓聆聽者的腦袋裡能有明確的概念，提升「解析度」的第三個句子就是以下的句型。

「具體來說」

「詳細地說就是」

這在說明例如「沒有自信」、「很開心」這類詞語時，也就是**針對「感受」或「情緒」等情況下使用會非常有效**。

用來表現人類內心的話語並沒有具體的概念，對方只能根據自己的經驗去想像。不過，要說明「感受」或「情緒」本身非常困難，頂多就只能用「胸口一緊的感覺」或是「心臟差點從嘴巴跳出來」等方式來表現。但如果能再**加上一些「具體的故事」，那麼就算不去說明「感受」或是「情緒」本身，應該也能夠讓**

對方理解。

比方說，「我原先對書寫沒有什麼自信，但後來掌握到訣竅後就能開心動筆了。」這聽起來其實非常含糊，因為根本無法想像是什麼情況。

「我以前對於書寫沒有什麼自信。具體來說就是要我寫一張A4的企劃書，我得要花上兩、三個小時，而且完成的企劃書還被上司退稿。但掌握訣竅之後，我只要花幾十分鐘就能寫好，上司也非常稱讚我寫的內容。」

這樣透過「具體故事」的方式，大家覺得如何呢？是不是眼前開始浮現出那個情景，很容易就能理解「為什麼會沒有自信」、「開心書寫又是什麼意思」？

要說明人類的內心時，不要只談內心本身，還要加上一點具體的故事，這樣說明就比較容易把資訊傳達給對方。

POINT

要說明人類的內心時，要加上具體的小故事。

08

不使用形容詞或副詞，而是用「事實」、「數字」來說明

假設你被卡在車陣之中，與別人約好的商務會議就要遲到了。這種時候，你會怎麼連絡對方呢？

「實在是非常抱歉，我碰到塞車被卡在車陣裡，會晚一點到。」

這應該是很常見的說法吧。

那麼，請你站在等待方的立場想一想。會不會覺得「一點」到底是多久？甚至感到非常不安呢？對你來說的「一點」可能是「10分鐘左右」，但對等待方來說或許只有「2、3分鐘」。因此才剛過了2、3分鐘，對方就會開始覺得「怎麼還沒來」而煩躁起來，我想這也是理所當然的。這是因為雙方對於「一點」這個詞彙的理解存在誤差。

這種時候，如果你是這樣連絡又如何呢？

「實在非常抱歉，因為剛才遇到塞車，我還需要10分鐘。」

如果無法預測時間的話，也有這樣的表達方式：

「實在非常抱歉，因為遇到塞車，目前還在〇〇這個地方。」

也就是說，只表達出「你現在在哪裡」的事實。

只要能夠提出具體的資訊，對方也會明白「大概還要等多久」而感到安心。

「漂亮」、「紅色」、「大」、「高」這類形容詞，還有「非常」、「幾乎」、「一些」等副詞，解讀各式各樣，也因人而異，所以相當容易引起誤會。

在商務方面，如果產生這種誤解或誤差，不僅會耽誤工作，甚至還可能讓你失去信用。

因此最重要的是**使用「事實」、「數字」這類不管對任何人來說，解讀的結果都一樣的詞彙來具體說明**。

POINT

不要使用解讀會因人而異的詞彙。

09 不使用代名詞，要使用「專業術語」

使用「他」、「她」等代名詞，或是「這個」、「那個」等指示代名詞的時候，不必重複相同詞彙就能把話說完，這是它們的優點。但具體來說到底指的是什麼？說的又到底是誰？要是沒有特別指明，在商務情境中最好避免使用這類代名詞或指示代名詞。這是因為**在商業場合，「你的說明必須不管誰來聽，理解的結果都要是一致的」**。

如果有人問你「那件事準備好了嗎？」你應該會不明白「那件事」到底是指什麼，對吧。就算上司想說的是「下星期與A公司的會談」，部下也可能會覺得是「明天公司的內部會議」。所以如想正確表達，你必須這麼說：

「下星期與A公司的會談，已經準備好了嗎？」

你的表達必須像這樣，用具體的專業術語來陳述。

另外，下面這句例文大家覺得如何呢？

「當時在中國相當重視ＰＭ2.5的問題，尤其到了冬天，其濃度有變高的傾向。因為那是焚燒燃料產生的物質，所以對這類工廠有相當嚴格的規範。」

大家應該會覺得，這個內容整個左耳進右耳出，對吧？這是因為「其」、「那是」、「這類」等指示代名詞究竟指的是什麼，都必須由讀者自己去想、去找。「這類工廠」到底是指會產生ＰＭ2.5的工廠？還是指焚燒燃料的工廠呢？實在是搞不清楚。

那麼我們就試著把句子裡的指示代名詞，全都換成具體的詞彙來看看吧。

「當時在中國相當重視ＰＭ2.5的問題，尤其到了冬天，ＰＭ2.5的濃度有變高的傾向。因為焚燒燃料的時候就會產生ＰＭ2.5，所以對於焚燒燃料的工廠有相當嚴格的規範。」

大家有沒有覺得比原先的文章更容易理解了呢？

在商務場合中，不要使用代名詞或指示代名詞，請替換成具體的詞彙。

POINT

就算句子變得冗長，也要以正確的表達為優先。

10 不要省略主詞

日文的特徵之一就是省略主詞。這是因為「不說也能明白」的前提，存在表達者與聆聽者之間。本書也有許多沒有主詞的句子，比方說請看一下第9條最後那句話。

「在商務場合中，不要使用代名詞或指示代名詞，請替換成具體的詞彙。」

在這個句子裡，並沒有說出「我們」這個主詞。因為這是不用明講也能了解的事情。

然而在**日常生活或商務場合中，不一定都是「不說也能明白」的情境**。

比方說以下這個情況：

「這次的會議，聽說在星期五下午開比較好。」

如果只有這樣說明，根本就不知道是誰說了「星期五下午開比較好」。是部長說的、課長說的，還是客人說的？對方應該根本無法理解。

「馬上就要１００人了的樣子。」

這個句子也沒有主詞，所以不知道究竟是什麼情況要１００人了。

如果一心想著「我知道這件事情，對方應該也知道吧」，就很容易忘了把主詞也說出口。

「部長說，這次會議在星期五下午開比較好。」

「報名者好像快要１００人了。」

像這樣把主詞明確說出來，內容就會很容易理解。

除非對所有人來說都是相當明確的情況，否則請不要省略掉主詞，還請具體講明。

POINT

明確說出是「誰」。

11

指示或要求請使用具體動作等級的話語

「謀求公司內的活化溝通。」

這是在團體工作中談論完「容易工作的職場」後，有人實際提出的「對公司的建言」。我想你應該也聽過類似的句子吧？聽見這樣的句子，你能夠具體理解究竟應該做什麼嗎？我想你應該會覺得：「我知道你想說什麼，但具體來說到底要做什麼？」

因為不管是「謀求」、「溝通」還有「活化」，這些詞彙全部都很抽象。如果**詞彙過於抽象，那麼接收訊息的人對那個詞彙的理解就會因人而異**。有人可能會認為「可以提倡打招呼運動吧」；也可能會有人覺得「要集合所有部門的領導者每個月開會吧」。

但具體來說，所謂的「活化」是要變成什麼樣的狀態，才能說「已經活化」

了呢？「溝通」具體是要做什麼事？這些都必須要好好說明。

實際詢問提出這個建議的團隊，他們表示：「透過團體工作，我們得以明白以前沒有交流的其他部門員工的想法。大家有過一次交談，之後也比較好討論，同時公司內的人脈也會拓展開來，也更好推動工作。所以希望能有機會了解其他部門。」

後來這個團隊對於公司提出的建議，就變更成這樣：

「每個月舉辦一次座談會，並選定一個主題，由各部門至少派一個人參與交流。」

這樣具體要做什麼就會非常明確。接收到員工提出建言的公司，也能提出具體方案：「時間就定在每個月第三個星期一，這樣應該可以吧。」「不要只有一人，改成兩人以上如何？」

有「想要達成的結果」，就具體說明實現那個結果的方法，完成的速度也會因此加快。

POINT

為了得到想要的結果，把必要的行動化為言語。

12 用語順來避免曖昧

這是某天我在看晚間新聞時發生的事。

我聽見報導說什麼「將15隻約20公斤的河豚裝進桶子裡奉獻給神宮」，腦中瞬間就閃過一隻「超級巨大的河豚」。畢竟這個世界上，根本不可能有什麼20公斤的河豚，所以我馬上就想到「應該是15隻共20公斤，才對吧。」這則新聞真是會令人瞬間感到迷惘。

「15隻約20公斤的河豚」可以解讀成「約20公斤的河豚」＋「15隻」，也可以解讀成「15隻河豚」＋「約20公斤」。也就是說這個句子非常「曖昧」，能夠解釋成多種意思。

那為什麼我會想像成「20公斤的河豚」呢？這跟「語順」大有關係。我們多數人會認為，**修飾用的詞彙是用來表現馬上接在後面的那個名詞**，因此容易讓人以為，「約20公斤的」修飾語是用來形容接在後面的「河豚」。

為了在表達時不要出現誤解，只要稍微改變語順就好了。

「將15隻河豚共約20公斤裝進桶子裡奉獻給神宮。」

這樣表達意思就會非常清楚了。

那麼我再舉一個例子，例如以下這句話：

「女性帶著孩子戴了眼鏡。」

戴眼鏡的究竟是孩子還是那名女性？感覺兩個意思都有可能。但是，我想多數人應該會覺得戴眼鏡的是孩子吧。如果戴眼鏡的是那名女性，請記得「修飾語是用來形容後面的名詞」，所以只要把語順改成這樣，就能夠清楚表達。

「帶著孩子還戴了眼鏡的女性。」

就像這樣，說明時**只要改變語順，就能將意思正確傳達**。

POINT

碰到有修飾語的詞彙時，要有意識地思考語順。

13 稱讚的時候，把焦點放在「能力」、「信念」與「價值觀」上

人如果被誇獎就會覺得開心，但不同的誇獎方式，大家感受到的高興程度也會有所不同。

比方說，有人說「你的衣服真漂亮」，如果對方的意思是**「你挑的衣服這麼漂亮，實在很有眼光」**，你是不是會覺得更高興呢？

就像這個例子所說，**誇獎他人的時候，「誇重點」才有效果。**這個「誇重點」如果有所偏差，就很容易被認為「這個人根本不了解我」。都要特意誇獎別人了，如果還讓對方這樣想的話就太遺憾了。

假設部下已經努力了很多年，好不容易才拿到非常難考的證照，這個時候你會怎麼誇獎他呢？

如果只說「這麼困難的考試都考過了，真是厲害」，部下可能會覺得好像少了點什麼吧。畢竟你只著眼在「考試合格」這個「結果」上。

但是「考試合格」這個「結果」的背後，除了「應考的能力」之外，應該還有部下「肯努力」、「不放棄」等自身具備的「能力」才是。甚至可能還有「想讓自己有所成長」之類的「信念」與「價值觀」，才會去挑戰困難的證照。

人因為行動而得到結果的背後，有著為了實踐行為而需要的「能力」，以及建立「為什麼會想這麼做」的行動動機的「信念」與「價值觀」。如果**誇獎這些看不見的「能力」、「信念」與「價值觀」**的話，對方就會覺得「這個人很懂我」。

因此，如果你能這樣誇獎的話，對方應該會更高興。

「這麼多年都沒放棄，你真的很努力呢。」

「你能夠一心向上實在是非常棒。」

POINT

誇獎的重點要放在看得見「結果」背後的「精神」。

14 責備的時候，把焦點放在「環境」或「行動」上

批評他人的時候與稱讚他人時不同，說起來實在是不簡單。就算想著「批評對方也是為了他好」，或認為自己抱持的念頭是「愛之深責之切」也一樣，一旦說的方法不對，就會被認為是「職場霸凌」。

比方說若責罵「真是邋遢」、「怎麼都不會成長」、「注意力不夠」等關於對方的「人格」或「能力」，就會傷害對方。

批評的目的是什麼呢？正是「對方做出自己不想看到的行動，希望他改善」。絕對不是「要他改善自我」。因此**批評的時候，重要的是將焦點放在「對方的具體行動」這個「事實」，或引發行動的「環境」上**。稱讚的時候要誇獎對方看不見的「能力」、「信念」與「價值觀」；但批評的時候就要反過來，所以請將**重點放在看得見的部分**。

有一次，我的部下一心覺得設備異常的警報「只是感應器誤啟」，所以沒有去現場確認，於是放著警報不管。我詢問情況之後，他說：「因為以前常常發生誤啟的情況，所以我覺得這次也是失靈而已。」

此時如果責備他：「不去現場確認也太懶惰了，怎麼這麼沒有警覺性。」結果會如何呢？部下可能會覺得非常受傷，因此感到畏縮。

「太懶惰」、「沒有警覺性」這種詞彙會給人留下強烈印象，無法完全表達出希望部下「如果警報響了，一定要到現場確認」的意圖。

所以我告訴部下兩件事：一是「沒有去現場確認實在不太好」這個「行動上的問題」；二是「以前就常發生誤啟的狀況，也是有問題的」這個「環境的問題」。接著再詢問部下：**「你覺得應該怎麼做比較好？」**結果部下說：「我不該自己任意判斷，應該要去現場確認才行。」還有，「應該要採取行動，解決誤啟的問題才對。」之後他也主動去執行了。

如果批評能讓對方有所成長，這對雙方來說都是件好事。

POINT

指出眼前可見的「事實」，詢問應該怎麼做才好。

第2章

配合各種對象的表達方式

15 配合對方程度選擇用字遣辭

「說明」並不是把自己想說的話告訴對方而已，而是要講出對方想聽的東西。畢竟「說明的目的」是讓對方能夠理解，並開始做出某些行動。因此，說明的內容必須讓對方確實了解才行。

如果對方是個小孩子，為了讓他能夠聽得懂，你會刻意不使用太難的詞彙解釋，對吧？就算面對的是大人，抱持相同的心念去說明也是非常重要的。基本上，**請使用國中生也能夠理解的言語來說明。**

好比你現在說「讓我們來執行良心消費吧」，如果聽的人根本不知道這是什麼意思，那麼當然也就不可能起身去做這件事情。

「讓我們選擇對於人類、社會和環境都比較良善的物品和服務吧。」

「花錢時要不要連『好的事情』也一起買下呢？」

像這樣不使用專業術語來進行說明，聆聽者就會覺得比較容易理解。

最需要注意的並不單純是專業術語。

有一天我在跟中國人開會的時候，日本人員工在報告中提到「跟預定的計畫產生齟齬」。然而中國人翻譯無法理解日文「齟齬」的意思，因此感到非常困擾。[2]如果改成「未照原定計畫進行」，那麼所有人都會覺得很容易理解。

我們的社會正朝著多樣化邁進，與外國人接觸的機會也會慢慢增加，希望大家都能多加留心，懂得使用所有人都能理解的「簡單語言」。或許有人會誤以為「不使用專業術語來說明，對方就會覺得自己不夠專業」，也有人會怕說「用這麼簡單的說法，會不會太過失禮？」但真正的重點其實是**「配合對方的程度，選擇能讓對方理解的詞彙」**。不使用專業術語，採用任何人都能理解的詞彙說明並不會被當成笨蛋，反而會讓對方另眼相看。

POINT

使用國中生也能理解的詞彙說明。

註2：「齟齬」的中文是指雙方意見相左產生的嫌隙；而日文指的是差錯或不一致。

16 尺寸感要用大家都熟悉的東西來表達

在商務場合中進行說明的時候，是不是會有人提醒你「要用數字」呢？與其說「聚集了大量人群」，不如說「聚集了1000人」還比較容易理解，也比較具體。

但若是這種情況呢？

「煙囪高度為22公尺。」

這樣到底是多高，你能夠想像出來嗎？我想應該你會覺得：「雖然告訴我22公尺，但這到底是很高或者還好呢？實在是搞不懂。」畢竟沒有比較對象，只有數字的話其實很難想像。

這種時候，以下述這種「大家都能想像的概念」來表達尺寸，就會變得更容易理解。

「煙囪高度為22公尺，大約和七層樓公寓差不多高。」

我想大家應該都能想像「七層樓公寓」大概有多高吧？就像這樣，如果是不好理解的數字，只要把它置換成所有人都知道的東西，就會是概念非常完備的補充說明。

除此之外還有「厚度0.1公厘」就「跟影印紙差不多薄」，「直徑0.8微米」的「粗細只有頭髮的100分之1」等等，**用大家手邊就能確認的東西來表達尺寸**，就會比較容易在腦中形成概念。因此，你必須要了解一層樓的高度、影印紙的厚度、頭髮的粗細等基本數字。

在網路上搜尋就會有許多不同的資訊，建議使用公共機關或大企業提出的數據當參考。

另外，若能自己做一份數字與引用來源清單備用，未來也會相當方便（本書第78頁附有「用來比喻數字的主要範例」，可參考看看）。

POINT

使用手邊就能確定的東西來表達尺寸。

17 數字要代換成能夠想像的東西

有些東西的「厚度」、「高度」、「寬度」等尺寸感，都能透過「實際物品」來作確認，但如果沒有「實際物品」的話，那該如何是好呢？

就以颱風的風速為例吧。

聽到「平均風速每秒25公尺的強風」，你能想像出它的強度嗎？如果有人問說和「平均風速每秒15公尺」相比，大概又差了多少？那就真的很難回答了，對吧。或許有人根據過去的經驗或看過相關新聞，所以可能知道「風速每秒25公尺大概是這樣的感覺」。

但若以下面這種方式給出一個概略的對照，聽者也會比較好想像吧？

「風速每秒15公尺，人就沒有辦法迎風走路，甚至還會跌倒。」

「風速每秒25公尺，不抓住東西人就無法好好站著。」

雨量也是一樣，只告知「會下幾釐米的雨」，還不如告知「這就像在一天裡，把一個月的雨量都下完是差不多的意思」，聽的人想必會更容易理解吧。

我居住的日本三重縣有規模非常大的風力發電廠，在告訴大家這間發電廠的輸出量時，就算很精確地說明了「共九萬五千千瓦」，如果沒有簡單的比較標準，就很難想像到底規模有多大。因此，發電廠的介紹手冊上便寫說「可供約五萬五千戶的一般家庭用電」。**因為把「一般家庭」拿來作為標準，就比較容易表達出規模究竟有多大。**

這個作為「比較標準」的數字，也如同16條中所說的，先上網搜尋公共機關或企業釋出的資訊會比較方便，同時也請附上你的計算根據。

POINT

無法想像的數字就要準備可以比較的東西。

18 專業術語要置換成大家都知道的東西

無論是哪種工作，都會有該領域的專業術語。你工作時會使用什麼專業術語呢？我從公司辭職，剛獨立出來創業時，開始聽到許多過去從不知道的詞彙，內心相當錯愕。但現在的我也開始自然地使用起那些詞彙，結果變成還在公司上班的朋友反過來問我：「那是什麼？」我才驚覺：「糟糕，我也開始會用專業術語了。」

我們在日常生活中常會用到的詞彙，很容易就會忘了它其實是專業術語。

當然，如果談話的對象和自己的工作領域相同，或對方是非常了解該領域的人，那麼使用專業術語反而比較好解說。有些術語也許沒有能完全對應的母語詞彙，或有時沒有最適合表現出那種精細語感的對應用詞，那麼直接使用專業術語還比較簡單。但對方如果不是業界人士，那在說明時就不能使用專業術語。

舉例來說，我還在當上班族的時候是在工廠的「動力部門」工作，現在就讓我來說明「動力部門」是個什麼樣的單位吧。

「所謂『動力部門』就是，負責運作並管理工廠連接變電設備及熱能設備的部門。」

如果對方的職種相同，那麼這樣說明應該就能想像出實際的情況；但如果職種不同，只會覺得聽到一堆沒有聽過的詞彙，實在很難理解到底動力部門是在做什麼。如果又繼續說明「所謂連接變電設備，就是從電力公司接收他們送來的高壓電，然後轉換成低壓電的設備……」，若再接著解說「什麼是熱能設備」，我想對方應該也會聽不下去的吧。所以我說明就變成了這樣：

「所謂『動力部門』就像是『工廠的心臟』。」

這樣一來，大家應該很快就能想像「這個部門如果停止運作，麻煩就大了」。然後再繼續補充說明「還要負責運送工廠使用的電力，還有運作及管理冷暖氣所需的設備」，對方就能理解這是一個什麼樣的部門了。

POINT

將專業術語轉換成日常中使用的詞彙。

19

好的比喻從尋找「類似的東西（事物）」開始

這是我在請人指導我做「提臀」訓練時的事。「提臀」是一種仰躺、豎起膝蓋，再緩緩將臀部上舉的運動。我才「嘿咻」一聲把屁股抬起來，立刻就被教練警告。

「不能只把屁股抬起來，胸骨若沒壓下去也沒有用。」

教練剛這麼說完，我正想著「胸骨在哪裡？」的時候，教練卻馬上就用更簡單的比喻這樣說：

「你就想說身體裡打著一條領帶，想像自己一邊吐氣、一邊把那條領帶往下拉的感覺。」

我照著教練說的話開始想像，結果屁股就自己浮起來了，這跟單純把屁股抬起來所運動到的肌肉完全不一樣。

我問教練：「為什麼會想到領帶這個比喻呢？」教練說：「因為我覺得，胸骨的形狀就跟領帶很像。」同時還讓我看了骨骼標本。

我的中文發音矯正老師也總是用簡單又好懂的比喻來指導我，當時的我不知道中文的「ㄨ」要怎麼發音，感到非常苦惱，老師便提示我**「你把熱騰騰的章魚燒放到嘴裡時，會是什麼感覺？」**我想像著將熱騰騰的章魚燒放進嘴裡的感覺，結果舌頭就很自然地往下壓，嘴巴裡的縱向空間也開始變大。如此一來，我終於能夠發出正確的聲音了。

而且這不只有我自己學會，我還把這個方法分享給別人，對方也一樣能夠學得會。**容易理解的比喻，具有「重現」的特性。**

這些非常**會指導的人，共通點在於他們經常會去觀察「完成的狀態」，然後去尋找與該狀態相似的狀態**，然後置換成更具體、更熟悉的東西。經常將「這可以比喻成什麼？」的疑問掛在心上，開始慢慢觀察自己身邊的東西，就能夠培養出「比喻能力」。

POINT

尋找相似物品來磨練觀察力。

20 用「可以體驗的東西」來做比喻

我們能夠想像那些自己身邊熟悉的東西、平常就有經驗的事情，但**有些詞彙不管多麼簡單，只要沒有體會過就完全無法想像**。

我以前上班的工廠曾經有小學生前來參觀，為了如何說明「熱電聯產系統」，我煩惱了很久。

所謂「熱電聯產系統」指的是，都市利用瓦斯等燃料發電的同時，也能把發電產生的熱能同步利用、可以「一舉兩得」的設備。

但要想像「發電同時生熱」這件事，對於沒有過發電經驗的人來說，實在不是件容易的事情。

因此我試著尋找「自己進行發電的體驗」。比方說，拚命踩踏板來點亮腳踏車的車頭燈，這就是一種「發電」。但對現在的孩子來說，或許在理化課教室裡使用的手轉式發電機，會比腳踏車要來得熟悉吧。

無論如何，自己生產電力時因為需要運動，所以身體就會變熱。

「各位現在是使用自己的手腳製造電力，不過，發電廠卻是使用天然氣或石油等燃料來發電的，因為焚燒燃料就會產生熱能。大家現在因為運動，所以身體會覺得熱，對吧？這就是大家體內產生了熱能。冬天很冷的時候，或許可以踩踩腳踏車、使用一下手轉式發電機，這樣身體就會覺得溫暖，可說是一舉二得呢。」

我這樣說完之後，就告訴孩子們「熱電聯產系統」也是一樣的道理，孩子們也都點頭表示聽懂了。

讓他們實際體驗踩腳踏車或手轉式發電機的感覺，就比較能想像這個詞彙的內涵，因此說明者自己必須先有這樣的體驗才行。**平常就對許多東西保有好奇心，想著「這是什麼感覺？」並盡可能地嘗試，提升自己「身體的經驗值」，這也是幫助自己提升說明技巧的捷徑。**

POINT

增加自己的經驗值。

21 複雜的事情要分解、置換成類似的東西

困難的專業術語，有時無法找到合適、能一語道盡的方式來舉例。這種時候，就要**把專業術語作細部分解，再各別置換為類似的東西**，這樣就會比較容易理解。

比方說，我們以軟式隱形眼鏡為例。

選擇軟式隱形眼鏡的指標之一，就是「透氧率」。一般都會選擇「透氧率」較高的隱形眼鏡比較好，但是對於第一次買隱形眼鏡的人來說，根本就不知道什麼「透氧率」。為什麼「透氧率」要高一點比較好呢？理由是什麼可能根本無法想像。

這種時候，就算說明「這款隱形眼鏡的透氧率是○○……」，恐怕也形同是一場規格演講，客人根本無法理解。我有一位賣隱形眼鏡的朋友，他在說明的時候就費了許多工夫。

「眼睛也會呼吸。戴隱形眼鏡就像是給會呼吸的眼睛戴上了一個口罩，這樣當然會覺得呼吸困難嘍。不過如果是能讓很多氧氣通過的隱形眼鏡，就會比較好呼

吸了。」

戴口罩多少會有點呼吸困難，這應該是所有人幾乎都知道的吧。所以，如果採用這種方式來說明，客人也應該會比較容易想像。

其實「透氧率」這個詞彙意味的是，「眼角膜（覆蓋在瞳孔上面的薄膜）會使用氧氣來進行新陳代謝」，以及將「軟式隱形眼鏡蓋在眼角膜上」這兩件事。只要將「眼角膜需要氧氣進行新陳代謝」換成「呼吸」，再將「軟式隱形眼鏡覆蓋在眼角膜上」換成「戴口罩」，這樣就能用比較好懂的方式來解釋「透氧率」這個專業術語。

像這樣把構成專業內容的「要素」分解之後，將個別要素都比喻成大家熟悉的東西，對於不懂專業術語的人來說就會是簡單易懂的說明。

POINT

思考最終要傳達的是什麼，將說明的內容進行分解。

22 更新比喻

截至目前為止，我們已經談了不少將專業術語比喻成熟悉物品的方法，但「比喻」也會隨著時代變化，所以要不斷審視比喻的內容才行。

以前我曾在液晶面板廠工作。

生產部門在為新進員工進行培訓時告訴我，「先前使用的比喻他們已經聽不懂了，真是糟糕。」在液晶面板的製造過程中，有「曝光」和「顯影」兩個步驟，先前他們都是直接用底片相機來比喻「曝光」與「顯影」。但現在有越來越多的年輕人根本不知道什麼是底片相機，所以這個比喻也就越來越行不通了。

事實上在20條中提到的，將「發電同時生熱」比喻為「踩踏板點亮腳踏車的車燈」，這個經驗也很有可能將會無法繼續使用。如果越來越多人選擇充電式、乾電池式、太陽能式等，不需要踩踏板也能點亮車燈的腳踏車，那麼擁有「踩踏板來點亮腳踏車的車燈」這個經驗的人也會越來越少，如此一來，這個比喻也就沒辦法使用了。

如果想到好的比喻，就會高興地覺得「太好啦！」但非常遺憾的是，這不能永遠適用。**時代會變化，用來作為比喻的物品或現象，也可能會消失在歷史的洪流之中。**此外，有時候「對某個年代的人來說沒有問題，但對二十幾歲以下的人根本就聽不懂」，這種情況就要視對方的年齡來決定使用哪種比喻。

還有一點，比喻不能只有日本人聽得懂，**有時也需要讓外國人理解才行。**

比喻也必須配合時代的流轉與生活方式的變化，所以請用打遊戲破關的感覺來提升自己的等級吧。

POINT

比喻要隨時代與對象而改變。

23 實際展示該地、該物

要去想像眼睛看不見的東西，實在不是一件簡單的事。就算用言語來說明，如果無法想像，要讓對方理解就會非常困難。這種時候，最簡單的方法就是**請對方到現場去看一看**。

舉例來說，你能夠想像自己丟掉的垃圾被收走後，經過了什麼處理嗎？就算看過影片，處理的設備實際有多大、現在是什麼氣氛、在那裡工作的人是什麼樣子等等，還是很難看到。但實際去到現場，不僅是東西被處理的樣子，同時也能感受到有多少垃圾需要處理的規模感，並體會在現場工作的樣子。

實際到現場看了那些東西，就會覺得「一定要減少垃圾」，還有「絕對要好好分類」。這**比起說破嘴**要人「減少垃圾」、「做好垃圾分類」**要來得更有啟發**。

還有一個效果是，請大家實際到現場看過後，也可以**「讓對方感到安心」**。

在一間公司的新辦公大樓室內參觀活動中，他們召集了附近的居民，讓他們自由參觀。因為新辦公大樓對面公寓及獨棟住宅林立，居民實際進到辦公大樓，拉開那裡的窗簾，確認自己家看起來是什麼樣子，或指著樓梯上裝的玻璃說：「看起來根本不用擔心我們家會被看見。」如果沒有這個參觀活動，居民肯定會不安地想說「我家是不是被看光了」，無法揮去心中的疑慮。

請對方到現場實際參觀，比起費盡唇舌說明更具有說服力。三言兩語無法說明白的事情，到了現場就能參透。

擅長說明的人無一例外，他們都會靠自己的眼睛、耳朵、雙腳，去現場勘查確認。

POINT

百聞不如一見，到現場確認最有說服力。

24 看不見的東西要讓它能被看見

用言語表達也無法想像的東西，說明時可以**透過實驗讓聆聽者親自見證，這會非常有用**。

榮獲諾貝爾化學獎的吉野彰博士會對科學產生興趣，聽說是因為讀了一本書叫《蠟燭的科學》（The Chemical History of a Candle）。這本書是英國科學家麥可·法拉第（Michael Faraday）對小孩子進行的演講紀錄。法拉第透過許多實驗來告訴孩子們「蠟燭為何會燃燒？」、「蠟燭燃燒時發生了什麼事？」等等。

我在對孩子們說明太陽能的發電機制時，也是透過實驗來表達。從外觀上來看，太陽能發電只是一堆板子排在一起，發電時既不會改變顏色，也不會發出聲響。如果用口頭來說明太陽光發電的「原理」，就會很難想像它「正在發電」。

因此我將太陽能板與噴水幫浦結合，用太陽能的電力讓水噴出來，並讓孩子們見證這個實驗。發電量大的時候，水就會噴得很高；發電量小的時候，水就會噴得比較低。如此一來，實際發電的情況就會跟噴水緊密結合在一起。

一邊詢問大家「如果拿影子遮住會如何？」然後用紙板蓋在太陽能板上面，讓影子蓋住板子，原先噴很高的水柱就會忽然掉了下來，將紙板拿走後，水又會猛然噴出。

「如果改變太陽能板的方向又會如何？」聽我這麼問，孩子們就開始把太陽能板轉到各種方向，並觀察噴水的情況。將太陽能板背對太陽，水勢就會減弱；若把正面朝著太陽，水勢就會馬上復活。

對於我們來說，要理解看不見的東西實在非常困難，但若將它有形化，就算不解釋各種複雜的理論，也能表達出想要傳達的內容。而且**原先看不見的東西忽然變成有形的樣子，也會令人感動**。這不是單純的「告知」，而是能夠讓人留下深刻印象的方法，所以我非常推薦你這樣做。

POINT

「有形化」不僅能表達內容，還能留下印象。

25 堅持「易懂」而非「正確」

如果想將專業術語分段解析，最容易發生的慘況就是掉入**「說明過頭的陷阱」**。原本想要說明得簡單易懂，但因為這個也說、那個也講，結果說明過頭，聽的人反而更加覺得你不知所云。

為什麼會說明過頭呢？

這是因為你非常堅持「正確」。不管怎麼比喻都覺得「嚴格來說這不是最正確的表現」，然後一直想要補充說明。越是**該領域的專家，就越容易侷限於「正確」**。

以20條及21條所舉的「熱電聯產系統」與「軟式隱形眼鏡的透氧率」為例，嚴格來說也有不那麼正確的部分。但聽者並不是專家，他們想要的不是詳細的說明。

對於聆聽者來說，重要的是「簡單易懂」而非「正確」。

而對於說明者來說，重要的是將目標設定在「要告知的內容是什麼」。

觀察那些擅長說明的人，就會發現他們**徹底追求「要告知的內容是什麼」**，**其他資訊就會狠心地直接割捨**。從專業角度來看，或許會覺得「好像不太一樣」，但對於聆聽者來說，不需要的資訊就要爽快地拋棄，讓想告知的事情變得更清楚明白。這就像「卡通手繪人像」一樣。

「卡通手繪人像」會刻意強調對方的臉部特徵，而不是正確描繪出那個人的臉。但是看到卡通手繪人像的人還是知道這個人「是誰」。

舉例也是相同的道理。請好好觀察「要告知的東西特徵為何」，再把其他細節都乾脆地拋棄，這樣對方就能聽懂你的說明。

POINT

不要拘泥正確度，而是強調「特徵」。

26

「先說結論」的陷阱

經常聽到有人這樣講，說明的時候「先講結論」。我也常被上司念到耳朵幾乎長繭，所以這應該算是職場的基本常識了吧。

但**並非任何時候、對所有人都是「結論為先」**，因為結論其實就是「目的／終點」。先說「目的／終點」的前提，就是雙方以什麼作為起點，這個**「起點」必須是雙方共享的**。

如果這個「起點」有所不同，那麼無論做了多少說明，對方也沒辦法聽懂。

比方說現在你打算去爬富士山，明明一直在講準備從靜岡縣那邊的登山口出發，但對方卻一直想著你是要從山梨縣那邊的登山口上山。這種狀態下，彼此的對話肯定是牛頭不對馬嘴。

在職場上也是一樣，當聽到「從下次會議開始，這件事請與負責的窗口做後續討論」，就表示一開始談論這件事的人與下一次要面談的人並不一樣。越是這種時候，一開始就**先跟對方確認彼此的「起點」就非常重要**。

舉例來說，可以像這樣直接說明結論。

「前些日子你們委託的報價，金額是○○元。」

如果對方的負責窗口沒有交接到這件事，還想著「今天應該就是見個面而已」，那會發生什麼事呢？當你突然跟對方提到了錢，他可能會覺得：「你是在講什麼啊？」

「上次跟A部長開會時，他希望我們提出報價金額，所以我今天帶了報價單過來。金額是○○元。」

像這樣先和對方確認「今天的『起點』是報價金額」再開始說明，聆聽者也不至於搞不清楚狀況。

請先確認「起點」，了解對方對事情掌握的程度，然後再開始說明。

POINT

與對方共享談話的「起點」。

27 結論的順序要配合對方的思考模式

說明有各式各樣的「樣板」，依照「樣板」說明確實就會簡單易懂，然而更重要的是**配合「對方的思考方式」**。

這是我和中國人一起工作之後才發現的事。中國人翻譯會把我要說的話全部聽完之後，先整理重點再幫我翻譯，這是因為要把我說的日文，一字一句全部翻譯實在很花時間。但有好幾次因為翻譯在統整重點時，主觀覺得「應該是這樣」另行轉化、翻譯的結果，導致內容變成跟我想表達的意思完全不同。

所以我深刻地感受到，必須使用讓中國人好翻的日文來說明才行，因此我開始在會議與朝會中觀察中國人同事都是怎麼說話的。那時我才發現，他們說話的順序是「結論↓具體的範例依據↓重點」，所以我也試著用相同的順序說話，之後我表達的內容就能正確傳達了。

用對方腦中的「架構」也就是「思考方式」去說明，就會比較簡單易懂。這不只是面對外國人時才需要這樣，在日本人當中，也**有人只想知道結論，但也有人想了解得到結論的過程**。還有人是必須照著時間順序來說明事情，他會一邊聽話一邊在腦中整理，最後告訴他結論，這樣他才能接受。

對方是什麼類型的人，可以從平常的言行舉止去推斷。舉例來說，想先知道結論的人經常會說「結論是？」、「重點是？」、「所以呢？」之類的句子，也常會要求「YES」、「NO」直接尋求答案。

另一方面，想依照時間順序知道流程的人，通常也都會用「請依照順序說明」、「請從頭開始說明」這樣的說法。

請好好觀察你周遭的人，然後發揮一點想像力，思考一下「這個人是哪種類型」，這樣就能做出對方可以接受的說明。

POINT

仔細觀察對方平日的言行舉止，就會知道他是「想先知道結論的人」，還是「想知道先後順序的人」。

28 使用對方經常用的詞彙

假設你說了這句話：

「我今天忘了手機，真是討厭。」

這個時候如果對方這麼回答，你覺得如何？

「沒有電話真的很麻煩。」

大家是不是覺得好像哪裡怪怪的？對方只是改變了用語，聽的人就可能覺得自己遭受否定。如果對方說的是「沒有手機真的很麻煩」，用的是同一個詞彙，就不會覺得有任何地方異常，也能輕鬆接受了，對吧？

每個人會有各自的「習慣用語」。**如果以對方常使用的詞彙來講話，那麼對他來說就是簡單易懂的說明。**因為對方不需要在腦中「置換詞彙」。

另外，有時候對方會毫不顧忌地使用「業界用語」或「公司內部用語」對吧？這種時候就要詢問對方「具體來說是什麼樣的事情呢？」、「舉例來說是這樣的情況嗎？」好好確認意思。只要能夠正確理解，並使用對方的詞彙來說明，聽的人就會覺得「這個人非常懂我」。

比方說，有些公司會把「委託企業」或「外包對象」稱為「合作公司」或「商業夥伴」等等。在對這些公司的人進行說明時，請你也要同步使用「合作公司」、「商業夥伴」這類用語。

語言包含了說話者及該公司的「想法」與「心情」，只要使用與對方相同的用語，就能讓對方產生「這個人與我相似」、「他相當懂我」的心情，也就會願意聽你說些什麼。

POINT

以對方使用的詞彙來進行說明，對方也比較容易接受。

「用來比喻數字的主要範例」

項目	比喻標準
寬廣度（面積）	東京巨蛋建築面積： 46,755平房公尺
高度	公寓一層樓的高度： 3.25公尺～3.75公尺
厚度	影印紙： 約0.07公厘
粗細	髮絲直徑（日本人女性）： 約0.08公厘
亮度（照度）	滿月的夜晚： 約0.2勒克斯
快速	東海道新幹線（希望號）最高速度： 時速285公里
水量	一般家庭浴缸： 200公升～280公升
電力用量	一家人一年用量： 4,175千瓦／年（※）
二氧化碳排放量	一家人一年排放量： 2.74噸／年（※）

※令和3年（2021年）（日本環境省）

參考網頁

氣象廳手冊「雨及風（風雨等級表）」
https://www.jma.go.jp/jma/kishou/books/amekaze/amekaze_ura.png

第3章

如何架構容易理解的說明方式？

29 說明要由「大」至「小」

說明的時候，大家會很在意「要如何說明什麼東西」，看重的是內容和說明方式，但最重要的事情，其實是「說明的順序」。說明的時候，請先提出「接下來要講的是這樣的事情」，**讓對方知道整體談話的大致樣貌。**

舉例來說，當你要外出的時候，家人忽然這樣叫住了你：

「可以買200克牛肉回來嗎？」

「還有洋蔥、紅蘿蔔、馬鈴薯各一袋。」

聽的人是不是會覺得自己什麼都沒準備，對方就突然丟了好幾顆球過來呢？

但對方若一開始先說了這句話，情況就不一樣了。

「今天晚餐要做馬鈴薯燉肉，可以幫忙買材料回來嗎？」

對於接收資訊的你來說，因為腦袋裡已經了解這是要做「馬鈴薯燉肉的材料」，那接下來聽到材料的具體資訊時，也會比較容易接受。當聽者明白了「對方要說的是什麼事情」之後，聆聽說明的「專注方向」也會截然不同。

比方說可能進一步提出「既然要做馬鈴薯燉肉，那不需要買蒟蒻絲嗎？」等等，進一步向對方確認內容。如果菜單是咖哩飯，那麼應該會想這麼問：「不需要買咖哩塊嗎？」

報紙和網路新聞也都會有「標題」或「索引」，因此我們不需要閱讀完整的文章，也可以理解報導大致上的內容。另外，也可以用來判斷那篇報導是不是自己關心的話題。

說明的時候，請不要突然就開始介紹細節與具體的內容，**要先告知對方說明內容的整體樣貌及目的。**

POINT

開始說明的時候，請先傳達「整體樣貌」。

30 總結要由「小」至「大」

在29條中，我提到說明時要「由大至小」，也就是從「整體樣貌」開始，之後再來說明具體的細節，光是這樣，你的說明就會更加簡單易懂。此外，還有一個能讓聆聽者更深入理解的訣竅，就是**最後再說一次「整體樣貌」**。

一開始之所以要告知「整體樣貌」，是為了讓對方能夠好好「接收資訊」。另一方面，**最後再次告知「整體樣貌」的目的，則是為了讓對方確認「接收了什麼資訊」。**

比方說，現在我們就以在甜點店擔任廚師的A先生為例，來做個思考練習。

「A先生非常堅持使用在地生產的食材，對地區的發展相當有貢獻（整體樣貌）。

例如，他會用當地特產的八丁味噌來做甜點，還有他所使用的油品也是向當地油商進的貨，甚至他還有模仿當地鄉土料理的外形製作點心，並引發熱議（具體範例）。」

到此為止，我已經清楚說明了A先生是位什麼樣的廚師，那最後再加上一次整體樣貌的說明，看看結果會如何。

「A先生非常堅持使用當地生產的材料，對地區的發展相當有貢獻（整體樣貌）。

例如，他會用當地特產的八丁味噌來做甜點，還有他所使用的油品也是向當地油商進的貨，甚至他還有模仿當地鄉土料理的外形製作點心，並引發熱議（具體範例）。

由此可以看出，A先生非常堅持使用當地生產的食材，對地區的發展貢獻良多（整體樣貌）。」

在具體範例之後，如果再加入一次整體樣貌來總結話題，會讓聽者對於談話內容的理解更加深入。另外，對於剛才談話的內容也會留下深刻的印象。

POINT

說明結束之前，再告知一次「整體樣貌」。

31

先說「事實」，再談「個人見解」

對於商務人士來說，基本的工作行動用日文來表示即「報、連、相」，也就是報告、連絡、商量的意思。不管是「報告」、「連絡」或「商量」，**最重要的都是「先告知事實」。**這是因為在商務場合中，「事實」就是一種「判斷依據」。

舉例來說，A員工在與交易對象的商務會議結束後回到公司，上司問他：「會議開得如何？」假設他是這樣回答的。

「對方的反應普普通通耶。」

什麼叫做「普普通通」啊？真是讓人一頭霧水，這樣一來自然會被說「不需要你的感想」。

「今天的會議中，對方的B課長也在場。B課長表示『這份報價金額，我明天會在部門會議上進行評估』。」

只要告知這樣的「事實」，對方就能夠理解到底是什麼樣的狀況了。

另外，就算A員工覺得「普普通通」，或許上司會想著：「那間公司的C部長對於報價的審核非常嚴格，在部門會議時很可能會提出希望我們降價的要求。」在這種情況下，也許會決定下一步就是「為了避免對方可能要求降價，我們必須準備因應的對策」。

在商務場合中最重要的就是客觀的「事實」，除非**對方詢問「你覺得如何？」那麼表達自己的意見才算是合情合理**。

在說出自己意見的同時，也要先提出「接下來是我的看法」才可繼續說明。如果讓聽者知道哪個部分是「事實」，哪些部分則是「意見」，那麼對方就會覺得你的說明簡單易懂。

POINT

在商務場合中，要先說「事實」。

32 如果被詢問意見，就先說「個人見解」，再談「事實」

在31條中我提到「先說事實」，但也不一定永遠都必須先告知事實。**如果對方尋求你的意見，**問你「關於○○那件事情你覺得如何？」**那麼就要依照「先說出自己的意見與解讀，然後告知依據的事實」這樣的順序來說明。**

但若是固執地堅持用「事實↓個人見解」的順序，情況又會如何呢？

「關於○○那件事你覺得如何？」

「關於那件事，其實以前發生過這樣的事情……」

像這樣從事實開始談起，提出這個問題的人腦中想必會浮現大大的問號才是。對方甚至可能會在內心想說：「你根本就沒有要回答我的問題。」因為對方是問說「你怎麼想？」那麼你就應該要先回答「我這麼認為」，然後再針對你為什麼會這樣想的理由，附上依據的「事實」。

「關於〇〇那件事你覺得如何？」

「我是這樣想的。這是因為以前發生過這樣的事實。」

用這種方式回答，就是一種回應對方問題的形式，這樣的對話才有頭有尾。而且還告知了「這是因為」什麼的理由，更加令人覺得可以接受。

尤其是**你站在需要下判斷的立場，那麼就不要單純只表達自己的意見，務必將你作為根據的事實一起告知對方**。與其只說「這樣做就可以」還不如連同「為何會這樣想」的原因也一起講明白，讓他有更深一層的理解，或許會讓對方有全新的認知與收穫。

POINT

為個人見解添加作為根據的事實。

33

用故事說明

你喜歡聽別人說明嗎？讀說明書會覺得開心嗎？我想你的回答應該是「一點也不」吧。因為，我們都不想花時間在「沒有興趣的事情」、「對自己來說沒必要的事情」上。

在商務場合中，**說明的最終目的是要「讓對方起身行動」**，因此說明**必須打動對方**，讓他擁有「原來如此！」、「真是不錯！」、「沒照做就糟啦」這樣的感覺。而**能夠「打動心靈」的方法就是「故事」**，尤其是想要表達「教訓」的時候，我通常會用「故事」來進行說明。

向大家介紹一個我在職場上發生失誤時的案例，事情是這樣的：因為我把告知設備異常的警報聲響，誤以為是感應器的錯誤啟動，因此沒去現場確認，就這樣放著不管，結果很晚才發現運作異常。

通常發生這類失誤的時候，就要整理事情的先後順序、追究原因、建立對策，然後制定SOP，或把確認項目加入檢查表裡。同時為了避免再次發生相同的失誤，也要對員工再次進行教育訓練。

此時如果只說明到底發生了什麼事情，然後表示「已經制定了SOP，還請嚴格遵守」，這樣員工應該會很難聽進去，甚至反而會覺得「又多了一條麻煩的規定」。

因此要把一連串的事情用「故事」來傳達給他們。簡單來說就是，用下面這樣的「現場重現的連續劇」來說明。

「午休的時候，A員工自己一個人在監控室裡，告知設備異常的警報響了。確認後發現，是前些日子老是發出警報聲響的設備。聽說之前的說法都是因為感應器的異常反應，但其實設備根本就沒有異常，這次應該也只是感應器的問題而已，所以我就沒有去確認設備的狀況……」

將過程像這樣用故事來說明，對方就比較容易覺得「與我有關」。同時再請對方思考怎麼做會比較好，就能大幅降低失誤發生的可能。

POINT

越是無聊的話題，只要用故事說明，對方就比較容易聽進去。

34 一開始就明言談話分量

你在跟別人玩投接球的時候，應該不會完全不注意對方的狀況就一直把球丟過去，而是會等對方做好接球的準備，才把球丟過去的對吧？

說明的時候也是一樣，**最重要的是對方要有聆聽的意願。**

因此，你必須先提出「接下來要談的話題」的整體樣貌。

另外，為了讓對方能夠好好接收，先做一件事就會讓你的說明更加順利，那就是告知對方談話的分量。只要**先告知「大概要講多少內容」，對方的腦袋裡就會先有一個「概念」**。

舉例來說，下面這樣的說明，是不是會讓人覺得落落長、很煩躁呢？

「保管這個東西要注意的是，請放在20度以下的環境當中，並切記不要碰到水，然後就是容器的蓋子一定要密封，還有……」

以聆聽者的立場來看，相較於談話內容，想必會更在意「你要講到什麼時候啊」而無法集中精神，結果他接受到的訊息就只剩：「什麼20度以下、不要碰水之類的還勉強記得，可是他還講了什麼啊？」

「保管要注意的重點共有四件事情：一是請放在20度以下的地方；二是不可以碰水；三是要把容器密封；四是……」

像這樣一開始就先說「有四項」的話，對方也會作好要聽四件事情的心理準備。這樣一來，對方就會一邊聽你說，一邊在心中整理資訊，想著「現在這是四項中的第三項」了。

POINT

先告知對方要說多少事情，讓對方有聽話的準備。

35 一開始就明言談話長度

在34條中我提到，為了要讓對方作好聽取說明的準備，最重要的是先告知**「大概要講多久」**。此外還有一件事情也很重要，就是告知**「大概要講多久」**。

在學校的開學典禮上，聆聽不知何時才會結束的校長演講是不是很痛苦呢？我們對於看不見「終點」的東西會覺得相當不安。

如果對方能先說一句，「接下來我想請大家撥5分鐘給我，讓我說明一下概要」，明確表示他大概要花費多少時間，我們就能夠安心聆聽了。這就像是紅燈會顯示還剩下多少時間一樣，等紅燈時就不會覺得太煩躁了。

另外，「說明需要花費的時間」與「內容的複雜程度」之間的關係也相當密切。如果你說「大概5分鐘就好」，那聽的人就會推測應該不是什麼大不了的事情；如果聽到要你講上「30分鐘」，自然就會覺得：喔～他要講很深入的話題。

因此在與交易對象或上司等人進行報告，或是商量事情的時候，請先告訴對方大概要花費多少時間。如果只說：「方便占用一點時間嗎？」那麼對方根本無法判斷是不是可以停下手邊工作來聽你說明。

如果你先說「大概5分鐘」的話，對方也能想像「應該只是要確認某件事行不行而已吧」，如果不是忙到火燒眉毛，他應該就會說「現在沒問題」。但若告知「要談30分鐘」，那對方就可能會考慮到「待會兒要開會，等會議結束再聽會比較好吧」；或是想到「感覺必須花點時間好好聽，可能還是另外排個時間出來比較好」等等。

最後，**如果你已經說了要花多少時間，就請務必嚴格遵守**。畢竟若超過原定時間太多的話，對方反而會變得更加煩躁。

POINT

先說清楚要花多少時間說明，對方就會比較安心。

36 一個句子一則訊息

有時候「一句話太長」要表達的其實是「根本不知道你要講什麼」。說起來有點羞愧，接下來我就拿自己以前寫的文章作為「不良範例」跟大家說明。

【我閱讀了一篇標題是〈只有日本的女性會撐陽傘?!〉的報導裡面，針對造訪日本的中國、韓國、泰國等共九個國家的女性進行訪談，報導裡面提到她們都表示「不使用陽傘」，而且當中甚至還有女性回答「覺得撐陽傘的樣子很奇怪」。】

大家會不會覺得這個句子相當難閱讀呢？包含標點符號在內，這個句子多達100字，裡面塞滿了大量資訊，讀者實在抓不到文字想傳達的意思。因為此文就像想到什麼就寫什麼似的，到最後有點搞不清楚主詞是誰？在形容什麼？

想寫簡潔易懂的文章，就要留心「一個句子一則訊息」。另外，**單一句子的文字數如果能控制在60字上下**，句子就會是非常簡潔俐落。

根據這樣的標準，把剛才的句子重寫一下就會變成這樣。

【我讀了一篇標題為〈女性只有日本的會撐陽傘?!〉的報導。該報導是針對來訪日本的中國、韓國、泰國等九國女性，進行關於陽傘的訪談。報導中指出，她們都表示「不使用陽傘」。當中甚至有女性表示，「覺得撐陽傘看起來有點奇怪」。】

與剛開始的例子相比，是不是覺得資訊比較容易進入腦袋呢？重寫之後的文字數是106字，雖然比一開始的字數多了一點，卻給人更加簡潔的感覺。

每個句子都要盡可能簡短，同時一個句子裡要講的事情，也請濃縮到一件。

POINT

一個句子能說的事情只有一件。

37

人能接收的東西最多三項

大家有聽過「神奇數字」嗎？

這是由美國心理學家喬治・米勒在1956年發表的論文中提出的概念，米勒教授主張「人類能夠短時間記憶的資訊區塊數量為7±2」。

之後在2001年，一樣是美國的心理學者尼爾森・考恩教授則發表「人類能夠短時間記憶的資訊區塊數量為4±1」。

從這些研究結果我們能夠確定的是，「人沒有辦法一次記很多事情」。根據考恩教授的說法，能夠一次記下來的東西，最多只有三個。

舉例來說，我們常在年底看到「今年十大新聞」這樣的報導，但能將10條全部記住的人應該不多吧？不過只記三條的話，感覺好像沒什麼問題。本書寫了100條，所以當然不可能全部都能記得住。

「3」這個數字對我們來說也有一種「熟悉感」。

比方說，奧運的獎牌是「金、銀、銅」三種名次，顏色和光線也都是「三原色」，除此之外還有「三大文明」、「三大名家」……等等。「3」這個數字，是用來整合資訊最恰到好處的數字。

因此在**說明的時候，也要盡可能意識到「3」這個數字**。

我們常會想著「還有這個、還有那個」，想盡可能地多講一點事情，但就算說了「10個重點」，對方也不可能把10種內容全都聽進去。

如果縮減到「重點只有三個」、「今天要說的事情只有三項」，聚焦在「三件事」上，對方也比較容易接受說明的內容。

POINT

把想講的事情濃縮成「三條」。

38 找出共通點整合成一句話

本章已經提過好幾次，人類基本上不喜歡聽「長篇大論」，也不喜歡閱讀「長文」。你在看網路新聞的時候，是不是也會看「標題」來決定要不要讀報導的內容呢？

「標題」就是用一句話來說明正文的內容。在商務場合中，也要謹記必須能夠**用「簡單一句話來說就是……」的方式作說明**。

為了引導出能夠正中本質的「一句話」，訣竅就是**將你想說的內容，具體、詳細地全部寫出來**。

接著**在你寫出來的資訊中尋找共通點**，比方說有沒有包含類似的關鍵字，或是從有無共同特徵的觀點來著手。這個時候就要**問問自己：「所以總的來說這表示？」「如果換成其他說法又會如何？」如此一來，就會比較容易找到共通的話語**。

我們來思考一下，用一句話表現新款吸塵器的特徵。

新款吸塵器有三項特徵。「無線」、「可快速充電」、「只需要一個按鍵，丟垃圾不會弄髒手」。接下來從中尋找它們的共通點。

首先是「無線」，問問自己「這表示什麼？」於是想到了「移動簡單」、「能在任何地方打掃」等功能；「可快速充電」、「只需要按個按鍵」讓你想到了「快速」、「不花功夫」等好處。如此一來，三項特徵的共通點，就有了「簡單」、「快速」這樣的關鍵字了。然後再將這些整合在一起，最後就會得出**「能夠迅速不花功夫打掃」**這個一句話講完的特性。

但要像這樣整合成一句話，實際上是需要練習的。平常就多看看新聞標題，或試著分析書籍的標題，並經常問自己：「要如何把這些用一句話來表示？」請累積這樣的習慣，並好好磨練自己的用詞吧。

POINT

養成習慣地問自己：「要如何用一句話來表示？」

39

個人檔案要以「現在↓過去↓未來」進行說明

如今是SNS的全盛時期，想把自己的部落格或網頁放在個人檔案裡，或是在加入的社群中作自我介紹……等等，我想應該有很多人都有這樣的機會去說明自己是誰吧。另外，對於創業以及做副業的人，還有正在考慮要不要這麼做的人來說，個人檔案是非常重要的。

個人檔案最重要的目的就是告訴對方，「我是能為你做什麼事情的人」。然而我們卻很少看到像履歷表一樣的個人檔案。

履歷表上會寫明學歷、工作經歷等資訊，將你的人生從過去按照時間一一寫下來，但**個人檔案最好是用「現在↓過去↓未來」的順序來寫**。

這是因為，對方想知道的是「現在的你是在做什麼的人」，因此必須先針對現在的工作，**說明你是「為誰」、「如何提供」、「什麼樣的價值」**。

接著再幫「現在的自己」背書，說明你的「過去」，也就是說明你開始做現在這份工作的「契機」、「前因後果」、「過去的成績」等等，最重要的就是要**精簡到能連結「自己現在這份工作」的「過去」為何**。

舉例來說，請你思考一下「我現在在當經營顧問，協助大家打造組織，不過以前是一名育幼老師」。如果能活用「協助育幼院的組織改革」這樣的經驗，那麼「過去」與「現在」就會造成連結。

另一方面，如果你強調的是「在當幼教老師的時候，我很擅長給孩子們讀故事書」，那就會突然出現與「現在」完全沒有直接關聯的「過去」，這樣反而會讓對方心想「這到底有什麼關係啊？」因此，就算對你來說是非常重要的經歷，但跟「希望對方知道的資訊沒有直接關聯的過去」，請直接放棄。

最後請再加上一句，透過現在的工作，你想實現什麼樣的未來。這樣的個人檔案，就會獲得他人的認同與支持。

POINT

個人檔案要讓「過去」與「未來」連結「現在的自己」。

第4章

讓人覺得有趣
而通過提議的說明方式

40

別再想著「希望大家能理解」，要抱持「希望那個人能理解」的心態

客人在讀了你寫的銷售文案後跟你說，「希望能接受貴社的服務」；或公司告訴你，「這次的提議真的非常好，公司想要試試」。聽到這些話，你一定覺得很高興對吧。

要讓別人對你這樣說，**最重要的就是釐清你的說明內容「是要告訴誰」**。這裡說的「誰」是指**「可以看清面貌的某個具體人士」**。

舉例來說，有一位協助中小企業經營的顧問，寫了下面這樣的行銷文案。

「給員工老是做不久、為招募新人疲於奔命、因為員工教育累得半死的經營者們。我將協助你們打造一個充滿年輕員工、生氣蓬勃的工作環境。」

有很多經營者都為了「員工老是做不久」而煩惱，因此會被這個文案打中的人感覺應該也會很多才是。但這樣其實無法動搖他們的心靈，只會讓人想著「哎呀，確實我們公司也是這樣呢～」但不會真的當成自己的事情認真看待。

這是因為你的目標明明是「煩惱著員工總是做不久的經營者」，結果用了「為招募新人疲於奔命」還有「生氣蓬勃」等相當抽象的說法。

與其將對象寫成「各位」，還不如限縮到「可以看清面貌的某個具體人士」，再去思考「那個人總會說些什麼煩惱」、「他總說如果職場能怎麼樣就太好了」……等等，這樣就可以讓人具體想像了。若參照這個概念，剛才的行銷文案就可以寫成下面這樣。

「給員工老是做不久，總是花大量時間在確認履歷表和面試的經營者。我將協助你打造一個年輕員工會盡量說出自己想法的職場。」

一旦有了具體概念，大家就比較容易當成「自己的事情」去思考。「濃縮成這樣，會不會讓其他潛在客戶無法接收到這份訊息？」或許這麼想的你會覺得有些不安，但一旦**「想要大家都能明白」，力量就會分散，結果只會變成「沒有人能懂」**。狠下心來濃縮成「給一個人」，反而能增加說服力。

POINT

說明的時候，只能為看清面貌的「單一人士」作介紹。

41

根據對象更換關鍵詞

我在40條提到「說話對象必須是能看清面貌的人士」，這點非常重要。因為一旦有了具體概念，大家就比較容易當成「自己的事情」去思考。

每個人實際關心的事情或遇上的麻煩都不盡相同，因此**必須根據對象來改變能夠打動對方心靈的話語**。

比方說，我們來思考一下會碰到「員工老是做不久」這個問題的公司。

如果對經營者或人事主管說「用來招募新人的費用龐大」、「老是花時間處理招募新人的事務，根本無法好好做自己的工作」、「待遇根本比不上其他的大公司」……等等，他們應該也會感同身受，覺得「沒錯就是這樣」。

但面對的如果是第一線的組長層級的領導者，結果又如何呢？與其跟他提「招募費用」或「時間都拿來面試」，我覺得用「新人很快就走了，對自己的領導能力沒有自信」，或者「該怎麼跟部下建立互信關係」這種話語，反而比較能打動他吧。

如果面對的是業務部的管理人員，那麼用「負責窗口老是換人，這樣客人會來抱怨」，這種話他才會更加有感，覺得事情的確與自己有關。

像這樣根據說話對象來選擇能打動心靈的話語，對方也許會覺得：「完全就是這樣，你是躲在哪裡偷偷觀察我嗎？」

對方平常會提到什麼樣的煩惱與不滿，或是有什麼希望達成的事情，請都要**好好觀察對方，把他實際說出口的事情都記錄下來**。另外也要站在對方的立場思考，並把感受到的事情一起寫在筆記本上。

收集這些「材料」，具體表現出你會如何解決對方的煩惱與不滿，解決之後能夠產生什麼樣的感動等等，這樣對方就會主動開口跟你說：「務必請你幫忙。」

POINT

好好觀察對方，選擇用詞。

42 要考量對方背後的對象

在商場上，有時你需要說服的對象並不存在眼前。

例如跟你開會的人，可能是沒有決定權的窗口，就算眼前的對象看似可以接受，但若他後面的決策者不能同意，這筆生意就絕對談不成。

千萬不要把你們的工作分開，覺得「讓決策者接受，是對方（窗口）的工作」，而是思考**「他是代替我向決策者說明的夥伴」，然後在說明上好好下功夫**。具體來說就是先向窗口確認，決策者平常在判斷時都會問哪些問題、喜歡參考什麼資料，然後根據這些情報來作準備，然後再與該窗口表示，「請向決策者說明這樣的內容」。

雖然這個例子並非對外的商務行為，但我以前經常向生產部門提出降低成本的建議。

有一次我告訴窗口，「這麼做的優點是，一年可以削減〇〇元的成本」，並提出了具體的推動方式，對方也覺得很不錯。但生產部門的窗口向上司報告後，他的上司卻反問：「其他工廠也做過一樣的事情嗎？有實際的獲益嗎？」「我知道這樣可以削減成本，但會不會有什麼風險呢？」所以我又針對他的問題準備好了答案，接著再傳給生產部門的窗口，請他向自己的上司說明。

我們就這樣來來回回了好幾次，雙方都耗費許多功夫，但事情卻一點進展都沒有。非但如此，還給決策者一種「沒有充分思考就推動工作」的印象。

後來我就會**事先思考決策者會在意的內容，並把以前聽到的事情記錄下來，製作好預設的問答題**，如此一來提案也比較能一次就過關。

由於決策者的眼界比窗口還要高，所以有時窗口根本無法想像上司會提出什麼樣的問題。但這也是有方法的，那就是去跟自己的上司商量：「如果必須對這個提案進行決策，您會在意的事情有哪些？」

POINT

準備時要當成是對窗口背後的決策者作說明。

43

說明商品不是講規格，而是談會發生什麼變化

假設你為了買新手機而跑去一家店裡，正當你不知道該選哪一款的時候，店員走過來對你作介紹。如果他的說明是這樣的，你覺得如何呢？

「這個機型很受歡迎，CPU是用〇〇，處理速度比過去提升了20%。另外RAM有12GB，攝影機能拍遠景，也能拍廣角……」

如果你非常注重規格，或許會覺得他的說明還不錯。但若不是的話，應該會覺得：「那又如何？」

我們並不是因為那件商品具備的規格而花錢，而是期望那件商品能為我們帶來**「欣喜的變化」**而購買，因此我們**必須向客人說明「會發生什麼樣的變化」**才對。

以剛才提到的手機為例，如果是下面這樣的說明，或許客人就會「想要擁有」它。

「CPU使用〇〇，處理速度比過去提升了20%，並且RAM有12GB，就算是最新的3D遊戲也能跑得很順暢。另外，拍的照片幾乎跟單眼相機的效果沒有兩樣，旅行的時候就算不帶相機，也可以拍出非常美麗的照片。」

這並不限於商品說明，自我介紹也是一樣的道理。

不要只是單純列出「我可以做這個、還會做那個」，而是要進一步說明「我能對誰產生什麼樣的貢獻」。這樣一來，對方當然就會想要購買「你」這個商品。

POINT

說明商品會為我們帶來的「欣喜變化」。

44

能引發「購買欲」的電視購物型說明

半夜打開電視，正好看到電視購物頻道，看了介紹的商品還真是想要，結果就買了。你有沒有這樣的經驗呢？

電視購物頻道為了將東西賣出去，有一套銷售的「模式」。

首先它會導引你「有沒有這樣的煩惱？」展現出觀眾困擾的事情。「最近好在意自己的肚子」、「浴室的頑強霉垢都洗不掉」、「棉被太大，整個壁櫥都被塞滿了」。它會先提出具體的煩惱，那麼有相同煩惱的人就會覺得「沒錯就是這樣」、「是在說我嗎」……等等。

接著就會呈現出，買了這項商品就會有怎樣的發展，也就是所謂的「理想未來」。肚子圓滾滾的人，身型變得相當俐落纖細；黑漆漆的霉垢也能輕鬆去除，浴室變得亮晶晶；棉被條地壓縮之後，壁櫥多了更多空間……這樣觀眾就能具體想像自己想要的「理想未來」，也會在內心想著「要是可以這樣就好了」。

接下來就是實際展演、出示科學根據，或介紹專家及知名人士的意見，以及購買者的感想。有了客觀根據與第三者的證詞，就會加強觀眾對於商品的信任感。

最後再限定一下「時間內」或「數量」，提供特別折扣或是贈品等等，就能讓觀眾產生「現在非買不可！」的心情，並促成這筆交易。

在43條中我提到「不要講解商品規格而是說明變化」。電視購物頻道也是**將大部分的時間，花費在會發生什麼樣的變化，而不是一味說明商品的規格**。就算觀眾本來覺得還好，看完之後也會覺得想要，這都是因為它**清楚展示出觀眾會有的煩惱及情緒**。

參考電視購物頻道的說明模式，盡可能把對方「想要」的心情拉出來吧。

POINT

清楚展示出對方的煩惱與冀望的未來。

45 要讓對方自己作最終選擇

如果客人問你：「A商品和B商品哪裡不一樣？」你會怎麼回答？以前的我可能會這樣向客人說明。

「A的特徵是〇〇，B的特徵則是□□。」

也就是說，我只是單純說明A和B的差異。

這聽起來像是我確實回答了對方的問題，但其實根本沒有。

對方真正想要知道的是，「能夠解決自己現在遇到問題的方法」。

對方其實想的是：**「A跟B感覺都可以解決我的問題，不過到底有什麼不同？」**如果你只是單純說明A與B的不同之處，客人也只會疑惑地繼續想著：「所以我到底該選哪個才好？」

這種情況下，你應該去了解對方問這個問題的目的：「您是想看AB這兩款嗎？你是要用來解決什麼樣的問題呢？」比方說像煩惱著「英語學習課程」的客人，或許會回答：「我經營的餐飲店現在有不少外國人觀光客來訪，但我都聽不懂他們在說什麼，也沒辦法說明自己的菜單。」

此時就算你覺得「想解決這個煩惱，應該是B比較適合吧」，也不可以馬上就這樣回答。**你要先介紹AB各別的使用前後範例**，介紹完「A可以培養出持續學習英文的習慣，B則能夠放開心胸用英語講話」，之後再詢問客人：「以您的問題來說，您覺得哪一個會比較適合你呢？」**對方如果能夠看見「解決問題的未來」，應該也會比較容易作出選擇**。

如果對方回答「感覺好像是B？」你可以問問對方為什麼這樣想，然後再說一句「我也覺得B比較適合您」，這樣對方的接受度會更高。

如果你明明覺得B比較好，但是對方卻選擇了「A」的話呢？

還是一樣詢問對方「選擇的理由」，然後找出自己與對方的解讀「究竟哪裡不一樣」。只要分析出彼此的相異之處，就能得到雙方都可接受的答案。

POINT

讓對方自己決定「我想要選擇這個」。

46

收集能夠成為判斷的依據

以上司來看，「優秀的部下」具有什麼樣的特質呢？「能不斷地做出成果」、「可以提出不錯的建議」、「做得比我交代的還要多」……等等，或許大家會想到不少情況吧。

我在當上班族的時候，覺得「優秀」的部下都有一個共通點，那就是**會大量收集可以作為「判斷依據」的人**。尤其是在發生問題的時候，如果必須馬上作出判斷，那麼部下能夠先收集好用來判斷的材料，並且向我報告的話，那真的是幫了大忙。

這不是只有緊急情況才派得上用場，提新企劃的時候、需要投資設備的時候，或接下新工作的時候都一樣，商場上需要這種能力的情況可是多不勝數。

「A公司報價30萬，B公司報價33萬。A公司比較便宜，所以應該跟A公司買吧？」

就算跑來問我會如何判斷，但有時候也不是光看「報價金額」就能決定。交貨日期是否不同？付款條件如何？售後服務好不好？……這些都是判斷時需要的情報，而且不只一項。**為了作出更好的判斷，需要收集更多「精確度更高的資訊」，最重要的是，還要先整理好才行。**

「我比較了一下AB兩間公司，把他們的報價金額、交貨日期、付款條件、售後服務等項目做成了表格。整體評價來說，我認為B公司會比較好。您覺得如何呢？」

用這種方式來尋求判斷，上司也比較容易作出決定。雖然對方是上司，但也不是萬能的超人，為了讓上司作出更好的判斷，請先收集好更多更好的資訊。

POINT

要詢問判斷的時候，先收集高精確度的「資訊」。

47 使用五感來收集資訊

工作上經常會遇到必須說明的情況，這種時候，收集到多少高精確度的資訊，就會決定你的說明有多簡單易懂。

為了收集到高精確度的資訊，請全面活用你的五感。

比方說，為了確認新產品銷售情況，你跑到店面視察，並將自己確認的狀況向上呈報。這種報告很容易侷限於「看見的東西」，也就是「顧客的樣子與店面的外觀」，因此應該也有人會直接展示照片來說明。

但資訊不是單純只能從「看得見的東西」著手，好好使用「聽覺」也可以收集到「顧客和店員都說了什麼」這樣的情報；也可以聆聽顧客與店員之間的對話，甚至直接詢問對方的感想。

另外，也可以實際去接觸競爭對手的商品，如果是食物也可以品嚐看看，來得到情報，而且**活用五感得到的情報量也意外的多**。

我曾做過檢驗機械的工作，如果光靠視覺，很容易忽略一些故障的徵兆。因此檢查機器時，我都會活用五感去確認「有沒有跟平常不太一樣的聲音」、「是否比平常還要燙一些」、「有沒有燒焦味」……等等。這樣一來，除了能夠早期發現機械異常，也可以詳細報告「與平常狀態相比有何不同」。

另外在第5章我還會詳細描述，「就像人有所謂的慣用手，每個人的視覺、聽覺等感覺，也會有不同的運用方式」。**我們平常都會下意識地用自己比較擅長的感覺去獲得情報**，因此刻意使用五感的時候，就會發現那些平常沒在看的、沒在聽的、沒有感受到的事物，如此得到的情報精確度也會更高、更具體。這樣結果當然就是，你能夠以更簡單易懂的方式向對方說明。

POINT

活用五感，提高狀況說明的精確度。

48

亮出數字和根據來增加說服力

商業幾乎都跟「數字」綁在一起，所以**出示具體的數字與根據，說服力就會大幅提升**。相反地，若是沒有數字也沒有根據，那就非常沒有說服力，很難讓別人起身行動。

我先前的工作是在職場中推行省電運動，但以前我都是這樣跟大家說的，結果一點成效都沒有。

「這間辦公室太亮了。為了省電，請調暗一點吧。」

對於聽的人來說，就算跟他們說「太亮了」，也只會覺得「之前也是這樣開的啊，實在不懂問題在哪裡？」另外就算說「調暗一點」，具體也不知道該做些什麼吧。

我發現這些細節之後，就開始用以下的方式，提出具體的數字與根據來向大家說明。

「這個房間目前的光線量是600勒克斯[3]。根據法律規定，辦公室需要的光線量是300勒克斯以上。也就是說，只需要現在的一半亮度就能省電。」

這樣一來就能夠明確得知為什麼「太亮」，也可以了解「職場關掉一半的電燈也沒問題」。如此一來，辦公室裡的人就會說「這排電燈每隔一個就可以關掉了」，並願意起身行動。

另外還可以提出「只要節約能源，每個月可以減少〇〇元電費」這樣具體的數字，如此一來更能提高大家想要節電的動力。

用這種方式提出數字與根據，除了說明會更加具有說服力之外，也能讓對方心服口服，起身行動。

POINT

如果有客觀的數據和情報，人就會比較容易起身行動。

註3：光照度的SI單位，當1平方米被照面上光通量為1流明，此時照度就是1勒克斯。

49 使用測量工具等物品來將事情化為數值

「明亮／陰暗」、「冷／熱」、「吵鬧／安靜」……這些感覺都是「看不見的東西」。每個人對於這些東西的感受也各不相同，就算自己覺得「明亮」，對方或許想著「不是很亮」。自己與對方之間如果有這樣的「解讀差異」，那要讓對方接受你說的話，就不會非常容易。

像這種**「感覺性的東西」如果化為可以看見的「數字」，接受度就會變高**，畢竟「數字」是任何人來看都一樣的事實。

數字可以使用工具來進行測量。

比方說，如果要測量亮度可以使用「照度計」，溫度則有「溫度計」可用，吵鬧度可以用「噪音計」來判斷，藉由這些工具就能將「現在發生在這裡的現象」用「數字」化為看得見的模樣，就像「體溫計」和「血壓計」這類醫療測量儀器，也是將眼睛看不到的身體狀態化為數值。多虧有了這些儀器，我們才能判斷現在的狀態是否正常。

在疫情期間，為了測量室內的二氧化碳濃度，有不少店家加裝了「二氧化碳偵測計」，這也是把室內環境化為可見型態的範例。

就算費盡唇舌說明「為了因應疫情，要隨時保持通風狀態」，也會有人覺得看不見室內空氣的狀態而無法安心。但與其告知「我們有保持通風」，還不如用數字顯示「二氧化碳濃度」會更有說服力。

第3章裡我們也有提到，在商務場合中，「事實」就是「判斷的依據」，所以最重要的就是收集了多少正確、高精確度的資訊，而**測量儀器就是幫助我們收集「資訊」，並將「資訊化為數據的工具」**。

不要用感覺，而是採用數據，說明時就能讓對方接受你的說法。

POINT

「感覺性的東西」要用「數字」化為可見型態。

50

用上數字會令人感動！

前面我提到「使用數字會增加說服力」，但不是把數字拿來用就好。**要配合使用目的來改變數字的單位與表現方法，才能在說明時有效打動對方的情緒。**

舉例來說，以下這段自我介紹的主角，曾是我實際見過面的人。

「我四度榮獲社內只有0.1％的人才能領到的社長獎。」

聽到「0.1％」，我們可以知道它「非常稀有」，但用比例來表現，總覺得有點難以想像實際的情況。

如果把「0.1％」改成下面這樣呢？

「我四度榮獲社內一千人只有一個人才能領到的社長獎。」

用「一千人中一人」說明，是不是更能明確表達「真的非常稀有」的概念呢？

另外，「四度榮獲」的機率是（1／1000）×（1／1000）×（1／1000）×（1／1000）等於「1兆分之1」，所以或許會有人提議要不要把這個數字也加上去。

「我四度榮獲社內一千人只有一個人才能領到的社長獎，這機率可是1兆分之1。」

這樣一來，的確更能表現出它的「厲害程度」。

因此我們可以知道，就算是使用數字來說明相同事實，只要改變單位或表現方法，給人的印象也會大不相同。

使用數字說明的時候，請思考「我想用這個數字讓對方留下什麼印象」。希望對方覺得這很稀有、很大量，又或者是希望他覺得便宜……等等，配合你需要的目的來改變單位或表現方法，你的說明就能打動對方的情緒。

POINT

使用數字的時候，要配合說明目的去改變單位或表現方法。

51 告知數字代表的「意義」

商場上之所以重視數字，是因為它能作為判斷與決策的依據。**作判斷的時候，要先有「與別人比」、「與計畫比」、「與前年比」等諸多比較，同時也要確認會造成影響的「概略比例」。**

假設這個月的銷售額是一百萬，但只有一百萬這個數字，很難判斷到底是好還是不好，因為沒有比較的標準和依據。但若是加入「上個月的銷售額是50萬」這樣的資訊，馬上就會知道銷售額增加了兩倍，也立刻就能判斷是好結果。

另一方面，如果附加的情報是「競爭對手這個月的銷售額是150萬」這樣的情報，就能判斷「要競爭中取勝，還需要強化戰略才行」。

因此，**告知數字所具備的「意義」時，要連同作為標準的數字一起提出。**

在設定目標的時候也是相同的道理，如果只定下「本期的目標是取得超過20件契約」，這就很難判斷這個目標是否可行。但如果是「比去年提升25%」這樣的數字資訊為標準，那麼上司就可以判斷「這個數字可行」或「應該可以再努力一點」。

大家也可以拿手邊的東西來做這樣的活用思考，例如在影印資料並分發的時候，頁數不要只用「第1頁、第1頁」這樣單純的數字，而是用「1／8、2／8（8頁中的第1頁、第1頁）」這樣包含總頁數的標示，這就會讓人覺得很貼心。就算資料全部散開來了，只要知道全部總共有幾頁，就能馬上確定手上的資料到底數量對不對。

出示數字情報的時候，如果可以連同作為標準的數字一起提出，就會因為你提供的高品質情報，而讓人覺得你是個「能幹的人」。

POINT

將作為判斷標準的數字一起提出。

52 錯了反而讓對方更能接受

在「多樣性思考」的講座上，有位與南非男性結婚的女性和我聊到這樣的事情。

「我的南非人老公，他的家長從商業學校畢業後又考上大學，畢業後成了政府官僚，在首都普勒托利亞擁有一間透天厝，裡面還有暖爐及游泳池。你覺得，他的家長是個什麼樣的人？」

大家請思考一下他的家長是什麼樣的人。

我腦中想的是「他的父親應該是名菁英人士」，但「他的家長」指的其實是「母親」。我因為「南非」、「大學畢業」、「官僚」、「透天厝」這些用詞，就自己想像那是一名「男性」。

我雖然明白世上有「無意識偏見」（刻板印象）的問題，但我以為自己並沒有這樣的偏見。如果沒有這次的經驗，就算有人跟我說「所有人都有無意識偏見」，我可能還是會覺得「自己沒有」。

在學校的考試中，比起那些輕易就能回答的問題，有些想了老半天結果卻答錯的問題，印象反而更深刻才對。商場上也是如此。

比方說，新進員工在接受教育訓練時，「無論如何都希望他記住」的問題，或希望他們能有什麼嶄新的觀點或發現時，請**不要馬上給他們「正確答案」，而是給他們一些時間去思考**。同時要故意讓他們發生錯誤，這樣他們的接受度才會更高。

這個時候的重點就在於，**要提出所有人都會搞錯答案的問題。**如果問題過於困難，那麼對方一開始就會放棄思考；相反地要是太過簡單，就會給對方一種「這只是在試我」的印象。因此關鍵就在丟出的問題，必須讓所有人都能發現自己的「成見」或「誤解」。當然，前提務必得要安全，「犯錯了也沒關係」。

POINT

為了讓對方發現自己的成見，就要刻意讓他出錯。

53 累積小的YES來帶出大的YES

雖然有些突然，但請大家看一下這兩個對話模式。如果你站在被詢問的立場，哪一種對話你覺得會給對方留下較好的印象？

〈模式1〉
「您對A公司的新手機感興趣嗎？」
「是啊，我有興趣。」
「是否特別在意相機的性能呢？」
「是的，沒錯。」

〈模式2〉
「您對A公司的新手機感興趣嗎？」
「不，我對B公司的比較有興趣。」

「喔是B公司嗎？您是否比較在意相機性能呢？」

「不不，我對相機沒有特別的要求……」

我認為，〈模式1〉這種不斷堆疊「YES」的對話，應該比較可以聊得來，給對方留下的印象也會比較好吧。那是因為，這個模式會產生一種「這個人相當了解我」的信賴感。在這一章裡我已經提過很多次，最重要的就是**成為對方，去了解他**有什麼煩惱、在關心什麼事情、抱持什麼樣的情緒……等等。

就算已經建立了信賴關係，如果想要延續對話，也請務必**取得對方的同意**。例如可以這樣詢問：「針對A公司的手機，我能為您再做更詳細的說明嗎？」如果你直接說「針對A公司的手機，我來為您做更詳細的說明」，這就是在沒有取得同意的情況下進行，也會給人一種被強行灌輸的感受。

堆疊小小的「YES」、建立信賴關係，並在取得同意後開始對話，這才是將「YES」開展到最大的捷徑。

POINT

理解對方，並在取得同意下開始對話。

54 道歉或失敗都能轉換為機會

犯錯的時候，或必須對客戶的抱怨致歉、謝罪的時候，與其想盡辦法解釋，更**應該直接道歉說「實在非常抱歉」**，但不能只說聲「對不起」就好。

一般如果說出口的是「實在非常抱歉，以後會多加注意」這樣的內容，通常給人的感覺「只是在逃避現實，想讓現場氣氛好一點」。

我在當上班族的時候，曾經因為設備發生問題造成生產停止，結果必須到生產部登門謝罪。有一次我發現，謝罪的話語不過是用來承接對方「現在是要我怎麼辦！」的憤怒情緒，但對方真正想要的是，對於「到底發生什麼事？」、「原因究竟是什麼？」、「會不會再發生同樣的事情？」這些問題的答案。

因此我會這樣先詢問對方：「現在方便說明目前已知的情況嗎？」在取得對方同意之後，再說明事實關係、可推測的原因，以及緊急的處置方式。等到確定了真正的原因及應對方案之後，再前去說明防止再次發生的方案。像這樣一直對應問題到最後，展現出負責任的態度，就能獲得對方的信任。

重點就在於**好好傳達「事實」**。

「是我沒有確認好……」這種說法會讓人覺得好像跟自己無關，而且「我有確認、但是沒有做好」也給人一種在找藉口的強烈印象。所以你不該那樣說，而是要告知「原先應該在確認A之後，使用B步驟來操作，但我沒有確認A就直接操作B」，**只要說出具體的事實，對方也能了解情況而感到安心。**

遇到必須謝罪的事情雖然是個危機，但這種時候如果可以提出對方想要的說明，反而能成為獲得信賴的轉機。

POINT

對方真正想要的是「事實」報告。

第5章

靠心理學
讓說明更加順利

55

配合對方的「視覺」、「聽覺」、「身體感覺」來改變說明方法

我們透過五感來思考、認知事物，由美國開發的實用心理學NLP可以得知，人類有所謂的慣用手，而視覺、聽覺等感覺的運用方式也因人而異。

NLP把人類擁有的感覺分為三類，並整理出各自特徵，這三類分別是「V：視覺（Visual）」、「A：聽覺（Auditory）」、「K：身體感覺（Kinesthetic）」。

比方說你在學習新的事物時，「看圖片或影片」、「聆聽課程」、「實際邊做邊學」這三種方法，哪一種最適合你呢？「看圖片或影片」的人比較常用視覺，「聆聽課程」的人擅用「聽覺」，「實際邊做邊學」的人則慣用「身體感覺」。

說明的時候，如果**配合對方經常使用的感覺去改變說明方法**，對方也比較容易理解。假設現在你要為新產品做簡報，我們就用這個範例來思考一下吧。

面對經常使用「視覺」的人，就要用設計和顏色等「外觀」來展現出產品的

魅力，將自己的產品與競爭者的性能差異做成圖表等，只要展示出這種視覺性的資訊，就會比較容易傳達給對方。

對方若是經常使用「聽覺」的人，就要用邏輯說明商品的特徵，或是「哪一方面比較優秀」，如果是會發出聲音的產品，請對方實際聆聽也是一種方法。

面對經常使用「身體感覺」的人，就要讓對方把產品拿在手上，實際感受一下使用起來有多好。

「經常使用的感覺」，據說也會體現在那個人所使用的詞彙上。比方說對於「不明白」的事情，經常使用視覺的人會表示「看不到重點」；慣用「聽覺」的人會說「聽不懂耶」；而著重「身體感覺」的人則傾向於表達「覺得很難接受」。所以請務必配合那個人經常使用的感覺，來改變說明方法吧。

不過有時候，的確也難以掌握對方經常使用的是哪種感覺，或者碰到的不是一對一，而是必須向多人同時說明的場合。這種時候就要平均分配對各種感覺的說明方式，才能達到效果。

POINT

觀察對方經常使用的是哪種感覺，並在說明上下功夫。

56 「需要判斷標準的類型」與「重視自我標準的類型」

在相同狀況下，就算說了一樣的話，有些人會被打動，但也有些人根本無動於衷，這是因為**每個人都有自己的「思考模式」**。

在加拿大NLP協會創設者雪兒・羅斯・夏爾凡（Shelle Rose Charvet）的著作《NLP來自潛意識的語言力量：掌握主導權的14種說話模式》（Words That Change Minds）中提到「語言與行動模式有關」，並表示「配合對方的模式去說話，溝通就會變得非常順暢」。

決定行動的判斷模式有「外在型」及「內在型」兩種。**「外在型」是「對照其他人意見或外部標準進行判斷」的模式；「內在型」是「依照自己的想法和價值標準作判斷」的模式。**

以選擇商品為例。

「外在型」較強的人會參考其他人的意見或評價。

另一方面，「內在型」較強的人則會選擇自己喜歡的東西。你比較接近哪種模式呢？

商場上也是一樣的，按照這個模式來選擇詞彙，對方就會比較容易被打動。比方說你要提出意見的時候，面對「外在型」較強的人，與其問他「您覺得如何？」還不如告訴他**「多數客人都是採用A方案」**會比較有效。

相反地，面對「內在型」較強的人，如果告訴他「我推薦A方案」，對方可能會想著「我想自己決定啊，不需要你指揮」而覺得無法接受。因此要詢問**「您覺得如何？」**、**「最後還是由客戶自己判斷，不過您覺得A方案如何呢？」**用這種建議的方式來表達，對方也比較容易聽得進去。

另外，如果不確定對方到底是哪種模式的話，可以用**「多數客人會採用的A方案，這款您覺得如何？」**這種說法也還算動聽。

POINT

加上他人評價等外部資訊，並用提議的方式說明。

57「現在馬上行動的類型」與「仔細檢討再做的類型」

如果需要推動什麼工作的時候，你是會先行動再說的人嗎？又或是在充分評估之後才開始著手的人呢？

傾向「總之先做做看」、「現在馬上動手」這種**勇往直前的模式，是屬於「主動出擊型」**。另一方面，**傾向先看清楚周遭狀況，仔細評估之後才起身行動的模式，則是「反應分析型」**。

「主動出擊型」的人，對於「總之先做做看吧」、「現在就能做」這些催促人行動的話語會感到動心。

而「反應分析型」的人，要先跟他說「再請評估一下」，並提供他們判斷的材料，讓對方能在「已經充分考慮」之後起身行動，這種推薦方式對方才會覺得比較動聽。

比方說，當你打開汽車保險等商品服務的網頁時，有沒有遇過在進入詳細說明的頁面之前，就跑出了「現在立刻取得免費報價」、「現在立刻申請資料」等按鈕呢？都還沒有看過商品的詳細介紹就要按下按鍵，感覺好像過於匆促，但這或許正是考量「主動出擊型」模式的人而做的設定。

另一方面，在說明網頁的最後，也一樣會有委託報價和申請資料的按鍵。這當然就是為了那些想要仔細讀到最後，詳細思考該怎麼做的「反應分析型」的人放的。

在**商務場合當中，據說有許多人同時具備「主動出擊」與「反應分析」兩種模式**。因此說明的時候，最好是使用兩者皆覺得動聽的話語。

比方說為了提升店面銷售，打算實施能夠增加回頭客的對策，就可以提出**「引進集點卡、直接寄送宣傳、實施特賣活動等等，思考該做些什麼，然後再分析數據，那麼就要先從確認顧客名單這種，可以馬上開始的事情著手」**，這種方式就屬於「不是單純思考，而要轉為行動的話語」，會讓對方產生「來做做看吧」的心情。

POINT

不要單純思考，使用能讓對方起身行動的話語。

58

「讓注意力轉向目標的類型」與「讓注意力迴避問題的類型」

在健身房鍛鍊身體的人很多，不過持續健身的理由可就因人而異。好比說，有人「想在下次的馬拉松比賽中，將時間拉到目標的三小時內」，也有人是因為「避免運動不足而生病」。

如果是「為了自己的願望或想實現希望的狀態」，這種**將意識轉向自己目標的模式，就是「朝向目標型」**。另一方面，「避免生病」這種**著重「迴避將來可能發生的問題」模式則是「迴避問題型」**。

內心的考量方向與看重的地方不同，能打動心靈的話語也不同。

「朝向目標型」較強的人比較喜歡聽「可以○○」、「能夠得到○○」，或是「做了那件事情能夠得到什麼樣的恩惠」這樣的說法。

而「迴避問題型」較強的人，則比較喜歡聽到「不需要○○」、「○○問題得以解決」，又或是「不做這件事情會發生什麼樣的問題」之類的話語。

假設你的團隊現在接下了「交期非常緊迫的工作」，你要跟團隊成員說些什麼話，才能讓大家湧現「好，我要加油！」的幹勁呢？

對「朝向目標型」的人來說，可以告訴他們「我們想辦法趕上交期吧，這樣一來可以得到客戶的信賴，或許下一次的工作也會交給我們」，也就是展示出「光明的未來」。

另一方面，對於「迴避問題型」較強的人，則要提出「如果趕不上交期，我們可能會失去顧客的信賴」這種「陰暗未來」，讓他們覺得「不做不行」。

現實中，團隊裡應該是兩種模式的人都有，所以可以採用下面這種說法，讓兩者都覺得動聽。**「如果趕不上交期，我們可能會失去顧客的信賴。為了避免發生這種事情，我們要努力趕上交期，讓他們願意把下次的工作也交給我們。」**這樣**一邊暗示可能發生不好的未來，但也有走上光明道路的希望，在大家的背後推一把**。

POINT

讓人同時看到「光明未來」與「陰暗未來」。

59 針對「變化」的四種類型

在變化劇烈的時代，我們經常會陷入不得不改變的狀況。然而面對「變化」的思考方式也因人而異，有人喜歡變化，也有人不喜歡。

面對變化的思考方式共有四種類型，分別是「千篇一律型」、「重視進展型」、「重視例外型」、「重視進展與例外型」。「千篇一律型」較強的人喜歡什麼都不變，這個模式的特徵也較看重事物的共通點。「重視進展型」較強的人不喜歡劇烈變化，但是喜歡階段性的緩慢改變，通常看重的是變化的流程。「重視例外型」較強的人不害怕變化，經常著眼於事物的相異之處。「重視進展與例外型」較強的人，則同時具備「重視進展型」與「重視例外型」兩者的模式。

接著讓我們來思考一下在面對公司或交易對象時，現在的你要提出一個全新架構的情況。

為了讓對方接受這個全新架構，你必須促使對方「為了變化而行動」。這種情況下，思考模式上不喜歡變化的人內心會產生抵抗，所以要**強調不會變化的地方，以及階段化的流程**。

我當初向工廠的生產部提出省電建議時，原先對方總是不肯行動。這是因為生產部當下的生產沒有問題，因此要他們改變現狀，多少會有些不情願，這就是「千篇一律型」模式較強。因此要先說明「絕對不會改變的東西」，再告知階段性的執行步驟，他們才會願意接受建議。

在商務場合中，有時會發生巨大的變革，這種時候也一樣，如果**只說明「變化之後的未來」，一定會有人覺得很不安**。所以要提出「與現況的共通點或相似之處」，然後再仔細說明會經由什麼樣的流程逐步變化，這樣就能夠減輕大家面對變化時產生的壓力。

POINT

同步說明「不變之處」，大家就比較容易接受變化。

60

「尋找新做法的類型」與「依循已決定步驟的類型」

在推動工作時，你通常會怎麼思考呢？如果你會去思考「有沒有更好的做法呢？」、「真希望這件事可以用我自己的方法做」，這就屬於「選項型」模式。相反地，如果總是覺得「希望照著以前定下的步驟／時間表來推動工作」、「一旦開始了就希望能做到最後」的話，就是「程序型」模式。

「選項型」較強的人，只要告訴他們各式各樣的選項，提出各種嶄新的可能，他們就會感到心動，覺得想做這件事情。如果跟他們說「可以做這個、也可以做那個」，他們就會覺得很興奮。因為他們很擅長打造全新步驟和架構，但是很不擅長持續依循步驟與架構做事，可是他們卻能接受跟以往都不同的做法。

另一方面，「程序型」較強的人如果知道正確步驟，就很自然會照著做，他們很擅長依照程序來做事。相反地，如果要他們採取「跟平常不同的做法」或「不知道接下來要怎麼做的話」，就會覺得壓力很大。

在公司也是一樣，有會計部和生產部這種「照著既定正確步驟」工作的「程序型」部門，也有像是開發設計部那種追求「嶄新可能性」的「選項型」部門。

面對「選項型」部門時，與其告知「請用這個方法做」，還不如準備好幾個選項讓他們選擇，或只告知希望獲得的成果，方法由他們自己決定，這樣會比較有效。

而面對「程序型」部門時，就直接告知要用什麼步驟去執行，明確告知前後順序會比較好。

另外在商場上說明的時候，如果提出了太多選項，就算對方是「選項型」，也是會大感混亂。**建議選項請止於三個左右，之後就是展現出走向終點的路線，以程序型為主來推展說明。**

POINT

說明的時候，主要是以「程序型」模式來推動話題。

61

「看整體的類型」與「看細節的類型」

掌握的資訊也是因人而異。

擅長大致掌握事物整體樣貌的是「整體型」模式；而擅長掌握詳細內容的則是「細節型」模式。

「整體型」較強的人，喜歡人家告訴他結論和重點，要盡可能簡潔說明。

「細節型」較強的人，則偏好依照順序一項項講清楚，並且使用專業術語和數字等作具體說明。

「整體型」較強的人在說明事情的時候，很容易只做概略介紹，大多使用抽象詞彙，因此可能無法將正確情報傳達給對方。尤其是「整體型」的人在對「整體型」對象進行說明的時候，非常容易發生誤會。

另一方面，「細節型」較強的人很擅長掌握情報的詳細內容，卻不擅長捕捉整體的樣貌，因此面對「整體型」特別強的人，很容易得到「所以你到底要說什麼」的反應。

你是屬於哪種模式較強烈的人呢？在工作上，同時掌握概要與細節都是必要的。在第3章裡我提過，說明要「由大至小」，因此在**提出整體樣貌與重點之後，再使用「具體來說」進行詳細的說明，對方也就比較能夠掌握你要說的資訊**。

如果你有「整體型」的傾向，請記得要盡可能加上具體說明；相反地，如果你的傾向是「細節型」，請養成習慣隨時問自己：「用一句話解釋，我要說的是什麼？」

最後就是，若要對晚輩或部下提出工作指示，「細節型」很容易把事情說得非常瑣碎。如果你要交給他們去做，請記得停留在感覺「說明得好像有點不夠」的程度就好。

POINT

融合「整體樣貌」與「具體範例」進行說明。

62 最終下決定的四種類型

我們平常會用各種方式決定自己的選擇，但我們又是如何處理得到的資訊，然後作出決定的呢？這當然也因人而異，且分有以下四種模式：「重視次數型」、「重視直覺型」、「疑神疑鬼型」、「重視期間型」。

「重視次數型」通常是「重複幾次以後才決定」；「重視直覺型」則是「靠直覺來決定」；「疑神疑鬼型」是「無法完全接受，每次都要重新思考」；而「重視期間型」則為「思考一定期間之後再決定」。

如果觀看電視購物頻道的銷售方式，就會發現他們使用的是不管哪一種模式，都會覺得動聽的表達方式。

比方說「提供可用3次的試用品」，這就能讓「重視次數型」的人可以使用一定次數再來確認意願；「想要就立刻打電話！」則講給「重視直覺型」的人聽；「試用後若不喜歡可以退貨」可以讓「疑神疑鬼型」的人放心；「可先試用一個月」則是對「重視期間型」的人的宣傳方式。你對哪句話最有反應？

我在當上班族的時候為了大幅削減成本，經常要向生產部提出先前從未做過的新策略，但就算我說「這很有效，我們來做吧！」對方也不可能馬上接受。而且，從事生產或品質管理工作的部門，通常也是「疑神疑鬼型」傾向較強的部門。因此要請他們先做一次來確認結果，沒有問題的話，就再嘗試執行一段時間再確認結果，要用循序漸進的方式來引進新做法。

在商務場合中要作出決策，通常都會「面試幾次後決定」或「觀察幾天之後再決定」，**重視「次數」或「期間」的情況比較常見。**不過若單純只說「執行6次」，也根本搞不清楚會花上一年還是半年之久，所以如果要說明，就要明確**告知「從下個月起到七月為止，共執行6次」，同時提出「次數」與「期間」**，對於作決定的人來說，也比較能夠看得到終點。

POINT

需要對方作決定的說明，要提出「次數」與「期間」。

63

「注意力在人或情緒的類型」與「注意力在成果或東西的類型」

你在什麼時候會覺得，因為工作而感到相當充實呢？如果是「顧客說拜託你真是太好了，非常感謝你的時候」，也就是**著重「人」或「感情」方面的因素，那麼你就是「重人情與情緒型」**。若你有「克服困難課題達成目標」的傾向，**偏好「成果或事物」的情況，那就是「重事物課題型」模式**。

「重人情與情緒型」較強的人，經常把別人的名字或表達情緒的話語放在嘴邊。另外，他們相當重視自己是跟誰工作、為了誰工作這種事情，所以非常貼近對方的心情。

而「重物質課題型」較強的人，不太會說與人有關的話語，他們認為完成工作或得到的利益比較重要。

比方說，現在你需要提出引進全新安全系統，對方如果是「重人情與情緒型」的人，就要表示「引進這個系統能讓員工感到安心」，說明的時候要提到人或能得到的情緒，對方就會比較容易起身行動。

如果對方是「重物質課題型」的人，那就要說明「引進這個系統能打造值得信賴的安全制度」，要講清楚可以得到的成果及全新架構。

當然，如果可以這樣說**「引進此系統可以打造值得信賴的全體體制，讓員工感到安心感」，這樣兼顧兩種模式的說明，自然是更理想**。

我們在本章使用各種例子，介紹「人類說話及行動的模式」，以及要說什麼樣的話才能啟動他人的「幹勁開關」，還有我們要如何處理得到的資訊……等等。「人類說話及行動的模式」總共有14個類別，全部共有37個模式。本章是從「讓對方起身行動」的觀點，介紹我經常參考的8個分類中的20個模式（56條～63條）。

這些模式沒有辦法完全涵蓋或區分所有的人或情況，就算是同一個人，也可能會根據狀況而有所變更，當然也會同時具備兩種以上的特質。但最重要的就是：**理解彼此不同之處，先衡量對方模式再進行說明。**

POINT

不要只說會產生什麼成果，記得說明會出現什麼樣的情緒。

第6章

使用資料說明

64 用基本的5W1H整理內容

報告及連絡事情的時候，「5W1H」是整理資訊非常方便的工具，我想應該有很多人都接受過這樣的工作訓練吧。所謂5W1H指的是「When」（何時）、「Where」（何處）、「Who」（誰）、「What」（什麼事）、「Why」（為何）、「How」（如何），也就是「資訊的位置」。只要能夠**把5W1H放在心上，就可以依照種類整理出資訊**，傳達的時候就不會偏差太多。另外，也**可以提升資訊解析度**。

比方說，現在你要連絡那些進公司已經三年的員工來參加研習，他們已經差不多學會工作，並期待他們將來能夠大展身手，那麼你該怎麼做呢？

「①時間：4月10日（五）13點～17點、②地點：第1研習室、③對象：進公司第三年的員工」。

這種方式雖然包含「何時」、「哪裡」、「誰」等資訊，但感覺還是很模糊對吧。收到這種通知的員工，大概會想說「不知道要做什麼，反正就是研習吧」。

如果再加上「什麼」（研習內容）、「為何」（研習目的）、「如何」（研習方法）看看。

「①時間：4月10日（五）13點～17點、②地點：第1研習室、③對象：進公司第三年的員工、④研習內容：解決問題的三種手法、⑤研習目的：學習能在面對業務問題時提出解決方案的技術、⑥研習方法：教室課程及分組實習」。

這樣就提供了更詳盡的資訊，也會明確知道是要做什麼。收到這份通知的員工，甚至可能會有人想說，「那我先把現在的業務問題整理出來吧」。

為了平常就能寫出包含５Ｗ１Ｈ的文章，也**可以先製作好一份把5W1H項目列出來的固定格式**。因為真的發生麻煩或錯誤的時候會非常慌張，一不小心就會漏掉必要資訊。

如果覺得「好像少講了該說的資訊」，那就補上包含５Ｗ１Ｈ格式的文章吧。

POINT

以5W1H來整理資訊，傳達時就不會過多或過少，還能提高資訊的精確度。

65 用「粗體」、「底線」、「文字大小」讓目標顯眼

在通知單、報告書和會議紀錄等文字較多的文件上，最重要的事情或「這部分希望對方務必看過」之處，就要讓它變得醒目一點。會讀那份文件的人，跟你一樣都是忙碌的商務人士，尤其是職稱越高的人，必須看的文件就越多，根本沒有時間每一份都仔細閱讀。因此就算是文字比較多的文件，也不要「讓對方閱讀」，而是**以「請對方過目」的感覺，做成看一眼就能了解內容的資料**。

「這個部分請務必過目」之處，就**用粗體或拉底線，也可以把文字放大，讓訊息變得更加顯眼**。

比方說，通知單可能是關於交貨的截止日期；報告和企劃就是要特別凸顯強調的重點；會議紀錄則是重要的決定事項。但如果顯眼處的東西太多，反而會變得難以瀏覽，所以請嚴格挑選「這裡務必過目」之處，只讓關鍵字變醒目就好。

另外有些字型因為設計的關係，就算變粗體也不是很明顯，這時再加畫底線

就會變得比較清楚。

雖然也可以把那些想要特別強調的文字變成紅色，**用顏色來區別，但我不太推薦這個方法。**這是因為若把文件印出來，彩色印刷的成本很高，多數情況下都會使用黑白印刷。後面也會再提到，就算原先想讓文字變得顯眼，此時如果印成黑白，反而會害文字的顏色變淺，結果根本就看不清楚。

另外，在電子郵件的正文裡，重要部分也不要使用顏色區別，一樣用粗體和底線標明就好。雖然用紅色文字容易引起注意，但也有一種「逼迫感」。如果你看到紅色粗體的「嚴守交期」時會作何感想？總覺得好像是強迫你去做這件事，感覺不太好對吧。

如果想讓資訊變顯眼，「粗體」、「底線」、「改變文字大小」就是最簡單且確實的方法。

POINT

精選「這裡務必過目」之處，讓它變得醒目。

66 在報告談話內容的時候，寫上補充的詞彙

大家是否曾在商務會談或新人面試時，需要把自己和對方的談話內容寫成報告，又或者把會議中提到的事情都寫成文字的會議紀錄呢？現在要直接把聲音轉成文字的軟體相當多元，我在寫採訪報告的時候也經常使用，目前聲音辨識的精確度非常高，並對技術的進步感到相當驚訝。

不過，把發言者「說出口的話」直接轉成文字，有些地方需要多加注意。比方說，下面的文章是把我採訪時聽到的言談直接化為文字，內容是在說明開發打字機的時候，如何在鉛字的製作方法上下功夫。

「做鉛字就是把材料壓進模具裡面啦，但是光壓下去沒辦法變成清楚的鉛字。不過一邊震動一邊按下去的話，這個邊邊就會用力跑出來，這樣才會清楚。」

大家覺得如何呢？清楚的鉛字是怎樣的鉛字？文章裡的「這個邊邊」指的又是什麼？震動是讓什麼東西震動？這些大家應該都無法想像吧。所以要再補充一些

詞彙，寫成下面這樣才行。

「做鉛字就是把材料壓進模具裡面，但是光壓下去沒辦法變成清楚的鉛字。像是A跟M，本來尖角的部分就會變成圓圓的。不過把材料壓進模具裡的時候，若一邊震動一邊按下去的話，就會變成有稜有角的鉛字。」

大家可以看見，**口頭說明時會省略掉很多東西，寫成文字的時候就需要補回去。**而且大家在說話的時候，經常不會一句話直接說完，而是斷斷續續地說下去，講到一半很可能主詞跟形容的關係變得不明確，也常會以「這個」、「那個」來代替。在現場聽對方說話的人，因為能夠接收言語以外的資訊，所以當然能聽懂對方在說什麼，但對於不在現場的人來說就會很難理解。甚至就連當時在場的人事後回顧這些文字，可能也搞不清楚那時到底講了些什麼。

如果想把言談化為文字，請記得要補充敘述，意思才會通順，能夠理解。

POINT

口頭言談會省略很多東西，需要補充敘述讓讀者才有辦法理解。

67

報告書不要只寫事實，要寫到「結果變成如何」

我年輕的時候，經常因為業務日報的書寫方式被上司叮嚀。比方說，我在日報中寫說「檢查的時候發現○○異常，已經處理」，結果被上司告知：「這樣根本不知道發生什麼事，處理的結果如何？你都要寫出來啊！」

當時我雖然內心有點抗拒，想說「都處理好了，當然就是恢復正常了啊」，直到我升任主管，開始需要看別人的報告時，才能了解當時上司的心情。一定要看到寫了「恢復正常」、「數值恢復到○○」這樣明確的結果報告，才會感到安心。

還有像是出差報告上只寫說「做了○○」、「情況是○○」，這種單純列出事實的報告根本不夠充分。看報告的人只會滿腦子問號想著：「然後呢？」**這種報告不能單純只寫出事實，最好再加上一些「感受」。**有些公司甚至會在報告的格式上，就直接加了一個「感受」的欄位。

也有些人不太會寫這種「感受」的報告，交出去的內容就被上司念說「不過是普通的感想而已」。確實，如果只寫上「做了○○」、「我覺得□□」、「以上」，上司是不會滿意的。

想要寫出能讓上司深思的感受，重點就在詢問自己「然後呢？」、「所以呢？」、「做了○○」、「我覺得□□」、「所以我就△△」，也就是**要寫到「我發現了某件事情，所以我就怎麼做了」才行**。最重要的是將自己發現的事情化為具體行動，如此才能有所成長。

另外就是把自己做過的、發現的事情化為文字，也可以是你浮現的新構想，或是把自己得到的知識告訴晚輩。

雖然大家都想把交代的工作趕快處理掉，不過撰寫報告時如果可以完整地寫出「結果如何」、「今後要怎麼做」，不管對你自己或對公司來說，都會成為非常好的「資產」。

POINT

寫報告的時候要不斷問自己：「然後呢？」「所以呢？」

68 使用圖表

每天看著體重計的數字，覺得「根本沒有改變」，所以讓人感到失望；如果看到的數值開始緩緩下降，你是不是會覺得有一點開心呢？體重計上標示出的數字，是以「點」來顯示當下的「狀態」，卻看不見「有什麼樣變化」。因此將點與點連結起來，也就是以「圖表」的方式顯現出來，我們才能看出其中的奧妙。

在49條中我說過用「數字」來表現，就可以提高說服力。但如果只是把數字排列出來，根本就無法看出「有什麼變化」、「與他者的差異為何」這種訊息。但如果**使用圖表，就算不用言語說明，也能夠一目了然地看出「變化的情況」以及「與他者的相異」**。

曾經有某間餐飲店將「氣溫」、「降雨量」等氣象資料，與「來店人數」、「銷售額」等數據全都化為表格作交叉比較，結果發現「雨天時客人會比較少，但是單人消費金額卻比晴天高」。因此他們就根據天氣預報來更換午餐的推薦菜單、調整食物原材料的進貨，結果成功推高銷售額，並削減食品廢棄成本。

有時候事實就是像這樣，單一數據看不見的事情，**透過圖表就能成為靈感發想的來源。**

我自己也曾經在公司推行的省電運動中，將每個樓層的電力用量做成圖表發給大家，結果成功提高了員工們的省電意識。

只要做成圖表，大家就能簡單看出數據明顯增減之處，然後員工們就會想說「為什麼這個時間的用電量會減少啊？」、「為什麼這層樓會比其他層樓的用電量還要省？」大家會開始去思考這些問題。

拿到數據後不要丟著不管，請做成圖表，將數字化為明確的形式。

POINT

做成圖表，就能讓「變化」或「比較」一目了然。

69

圖表和文字基本上都用黑白印刷

大家有沒有這樣的經驗，就是會議上做得漂漂亮亮的投影片資料，為了發給大家而印成黑白的，結果被告知「文字底色太深了，根本就看不到文字」？

雖然說要推動無紙化，但會議資料都還是會印成紙本發給大家，對吧。畢竟印彩色太貴了，所以不管是列印還是影印，通常都會使用黑白印刷。但這麼一來，大家就會覺得印出來的東西跟螢幕上看起來的感覺完全不同。明明想靠顏色讓文字變得顯眼，印成黑白反而就變得更難看清楚。尤其是直方圖和曲線圖，就算用顏色區別，印成黑白之後就會全部變成灰色，根本不知道哪個對應哪個。

我以前經常使用「深紅」、「深藍」、「深綠」作為文字的底色，但印成黑白以後就幾乎全都變成了黑色，資料整體也變得非常灰暗。為了不讓文字看不清楚，反而還要重新選色。我在經歷無數次這樣的失敗後，就會先配好即使印成黑白也能看清楚的顏色組合。

最輕鬆的方式就是文字底色選用灰色，這樣也不用煩惱「這裡要用什麼顏色好」，只要區分灰色的深淺就好。

如果是圖表，就**不使用顏色，而是改以圖樣來區分**，像是直方圖或圓餅圖就用斜線、點狀或網狀來標示；曲線圖就用不同的標記形狀，以及不同的線條來區別。

使用Excel或Power Point自動製作的圖表，大多會使用顏色來區分項目，所以還要重新選擇圖樣，也需要費一番功夫。雖然要花這點小工夫，但對於看的人來說就會容易理解許多。

POINT

掌握即使印成黑白也能看清楚的顏色組合。

70 不要用顏色，而是用形狀來辨識

大家有聽過「色彩通用設計」（Color Universal Design）這個名詞嗎？這種設計會去衡量顏色的使用，目的是讓所有人都能簡單易懂，看得清楚。

顏色的樣貌，並非所有人看起來都一樣。有些人因為先天或後天因素，會覺得紅色跟綠色很像，也有些人眼中的藍色與綠色沒什麼兩樣。顏色的樣子會因人而異。

在公家機關的印刷品或網頁上，那些必須正確傳達給所有人的資訊，都會衡量顏色的運用方式。

我大概是在15年前才知道這件事的。當時我正在製作資料，內容是要對居民說明，公司新引進的設備會對地區環境產生什麼樣的影響。我用顏色在地圖上劃分出在哪裡、測量了什麼東西，結果地方政府的負責人告訴我：「有些人無法辨識顏色，請使用○或□這種用形狀來區別的標示。」

以前我從未想過**「有人無法辨識顏色」**的問題，負責人的一席話真的是當頭棒喝。這對我來說是非常好的經驗，之後我就會盡可能地留心不要用顏色來製作資料。

除了「無法辨識顏色」的問題之外，如果使用太過明亮的顏色，或對比強烈的配色，也會讓眼睛感到非常吃力。不管內容有多棒，如果使用太刺眼的顏色，或整個搞得五彩繽紛，也會給人眼花撩亂的感覺，對方甚至會提不起閱讀的興趣。所以，文件的第一印象是非常重要的。

正如69條所述，製作資料時請注意資料就算變成黑白，也可以正確傳達內容的問題。**製作文件的時候不要過於依賴顏色，這就是做出一份簡單扼要資料的重點。**

POINT

不要依賴顏色，就能做出所有人都簡單易懂的文件。

〔71〕

圖表也要加上訊息

在商場上，不管是銷售額、成本比例、自家商品的市占率等等，有很多東西都要用到數字。但如果丟給你一個數字表格，你會有什麼感覺呢？應該會覺得連看都懶得看吧。

除非是要分析數字，否則在提案書、報告書、簡報資料上不要只把數字列出來，而是要做成圖表才會比較簡單易懂。

比方說，用來顯示變化和比較的「直方圖」、能看出時間變化的「曲線圖」、用來表現項目比例的「圓餅圖」……等等，把想要表達的訊息搭配圖表，對狀況的掌握就會比單純看數字來得更有效率。

不過，如果直接把Excel做出來的圖表直接拿來用，那可就不夠高明了。如果只單純顯示出圖表，就等於是跟對方說：「請你直接從圖表來解讀我要告訴你的訊息。」但真正的重點在於，**你希望圖表的哪個部分被看見、從圖表中能得到什麼樣的結論，這才是必須讓對方明白的地方。**

具體來說，可以把希望對方特別注意的地方圈起來，或加上箭頭讓該處更醒目，甚至可以直接標註寫出該圖表要說的結論。

比方說，把曲線圖中有變化的地方做個標記，然後寫上「2023年反彈恢復」的註解；或是在逐步增加的直方圖上寫出「這10年間銷售額增長5倍！」等等。

或許你會覺得「這不是看圖表就知道了嗎？」，但刻意加上標記、寫上註解，就能夠**減輕閱覽者的負擔，你的說明也可以讓人更快速理解**。

就算是圖表，也請在圖表上寫出你想告知對方的「一則訊息」。只需要花費這點小功夫，這份資料在對方眼中就會變得更加簡單易懂。

POINT

就算是圖表，也要強調你希望對方著眼的部分，再用註解補充想告知的結論。

72

想讓小差異變明顯，就改變圖表Y軸單位

使用曲線圖來表現變化的時候，偶爾會出現這種情況，就是「雖然變化很小，但還是想讓大家知道變化的存在」。

比方說記錄體重的APP曲線圖，為了讓大家能夠看出變化量，圖表上Y軸的最小值幾乎都不是零。如果最小值是零，那麼一天幾百公克的變化如果做成曲線圖，看起來就會跟直線差不多，感覺好像根本沒有改變。但體重60公斤左右的人體重出現變化時，如果把圖表Y軸的最小值放在55公斤，並且把最大值設定為65公斤，情況會如何呢？就算只有幾百公克的變化，但在視覺上的差異也會變得非常明顯。

這是為了要讓看的人能夠明白，「雖然變化量很小，但是的確有在變化」。

另外在工作使用的數據中，有時非常大的數字會跟極小的數字混在一起。

舉例來說，一天的來客數估計為80～100人左右的店家，某天因為被電視節

目介紹，第二天的來店人數竟超過了1000人。由於有這種突出的數字，把Y軸最大值從本來的100改成超過1000，這樣原先80～100人的變化就會很難看清楚。像這種情況，就要把Y軸最大值拉回原先的100。

如果被認定「這是為了看起來有效，所以才操作Y軸的數值間距」，反而會失去社會及客戶的信任。**請務必記得，這麼做的基本原則必須在能看清整體的狀況下，才能將「不容易看清楚變化的部分放大來看」。**

POINT

調整Y軸的數值間距，就能清楚看見如何變化。

73 只有自己一個人，也能請「他人」幫忙確認的方法

大家在繳交報告、寄送會議紀錄或信件這種自己寫的文件時，都是怎麼檢查的呢？

你是否曾因為「看了那麼多遍結果還是有錯漏字」、「再看一次覺得前後文句好像怪怪的」而慌慌張張？我也發生過好幾次「明明檢查那麼多次了」，卻還是失敗的經驗。如果**你只是用眼睛看過一遍文字，那麼錯漏字或有些語句不順的地方，其實沒有那麼容易看出來**。

這種時候最有效的方式，就是「透過其他人的眼睛檢查」。不過，自己寫的東西總不能老是請別人幫忙檢查吧。

那麼應該怎麼做才好呢？

想透過「他人的眼睛」來檢查，其實有一個自己就能做到的方法，那就是「文字朗讀功能」。這個功能在微軟公司的Word、Outlook、Power Point、One

Note裡面都有，其中我最推薦的應用軟體，就是最常用來製作文件的Word。

先將游標移到想要開始朗讀的位置，從Word的選單中選擇「校閱」中的**「大聲朗讀」**指令就可以了（詳細操作方法請參考微軟公司的支援網頁）。

使用這個朗讀功能，就可以讓電腦朗讀你輸入的文字。這和用眼睛去看文字不同，用耳朵聽的時候，如果文章有錯或語句不順的地方，就會聽起來怪怪的，也比較容易發現。若用耳朵聽起來覺得非常流暢，那這篇文章就可以說非常簡單易懂了。

這個功能偶爾也會發生讀音錯誤的問題，還有很多進步的空間，不過用來檢查自己的文章已經算是相當實用了，還請務必試試看。

POINT

使用朗讀功能，比較容易發現文章的錯誤或語句不順的問題。

第7章

簡報說明

74 不要馬上面對電腦

在製作簡報用的資料時，許多人常犯的錯誤就是立刻打開Power Point開始製作。我以前也是這樣，結果把時間都花在尋找「有沒有適合的版型」、「要用哪個顏色」這種與內容沒有直接關係的事情上。另外還會一邊思考「這張投影片要寫什麼好」，但思緒卻飄到「這個文字是不是換個顏色比較好看」、「這邊加個小動畫好了」之類的雜事。明明花了不少時間，卻沒辦法快速、順利地做完。有鑑於此，我心想「必須改變做法才行」，所以決定把開啟Power Point這件事放到流程的最後一步。

取而代之的是，我先拿出紙筆，**把要在簡報中說明的「材料內容」寫在紙上。**所謂「材料」就是「簡報目的」、「聆聽者是誰」、「最想告知的是什麼」、「訊息是根據哪些事實和理由」。用文字寫下這些內容的同時，也要馬上記下「隱約浮現在腦中的概念圖」。把這些東西大致整理出來後，再來書寫整體流程，概念有點接近書籍的「目錄」。

或許會有人認為「話雖如此，我根本不知道要寫什麼」。這種時候你可以試著「說話」，我將這個方法取名叫**「自言自語會議」**。首先，把腦中的東西用「說話」表現出來，當耳朵聽見這些訊息後，就會開始深入思考，如此一來就能化成言語。但說出口的東西就像泡泡，過段時間就會立刻消失，所以**必須寫下來，或用錄音留下「形體」**。

這樣一來，就能把自己的思考化為語言，並寫出投影片的設計圖。將A3大小的紙張折成8等分，在折線上畫線，把一格當成一張投影片。然後把投影片的標題、訊息、照片和圖表排版等等，大致畫出概念圖，這有點像是漫畫或動畫的「分鏡圖」。

當你做到這一步，就不必再有太多迷惘，只需要「謄稿」到Power Point上就好。

POINT

製作簡報資料時，不要先開電腦，請先動口與動手。

75

一張圖片一個訊息

我看過有人在簡報的時候，投影片上塞滿了一堆資訊，整張投影片都被文字和圖片填滿。發表者或許認為：「就算投影出來的文字很小，不好閱讀，反正大家看我發的資料就知道內容了。」但在這種情況下，多數的聆聽者只會盯著手邊的資料，完全不會抬頭去看發表者。如此一來雙方看不見彼此的表情，也就無法傳遞言語以外的資訊。

簡報用的投影片不是拿來讓人閱讀的，而是用來補充、提供對方一眼就能快速理解的資訊，使聆聽者更深入了解談話的內容。如果塞了太多資訊，那就只是一個難以理解的投影片。

基本上，一張投影片只能放一則訊息。一張投影片請放結論的那條訊息，以及能夠引導出該訊息的背景事實與理由。

想要減少資訊量，並做出簡單易懂的投影片共有三個訣竅。

第一點是**「知道結論的投影片標題」**。比方說，標題不要寫「銷售低迷的原因」，而是寫出**「銷售低迷的原因是〇〇」**，這樣只靠投影片標題就能傳遞出一則訊息。如此一來，在那張投影片裡要放的資訊量也就不需要太多。

第二點就是**「不要寫冗長的文章」**。擷取出關鍵字，再條列出來，用外框把整個資訊框起來，或使用圖解來表現，就會給人一種俐落的印象。

第三點就是**「不使用抽象的表現」**。我們想用關鍵字來簡潔敘述的時候，往往容易使用太過抽象的語言。比方說**「操作上的改良」**、**「提升業務能力」**、**「職場活化」**等等。這些詞彙乍看之下簡潔濃縮，聽起來也順耳，但根本無法表達具體的概念。請使用具體的語言，修正為「將配置改成容易操作的方式」、「提升業務技術的研習」、「舉辦小組會議」等。

POINT

簡報用的投影片，要把資訊濃縮成一眼就能快速了解。

76

在腦內便當盒整理資訊

如果沒有投影片也沒有其他資料，只能口頭報告自己的靈感或企劃時，該怎麼做才好呢？或許很多人會做一本鉅細靡遺的劇本，然後再背下來吧。但在正式上場的時候，為了回想台詞，視線就會往上或往旁邊飄。如此一來，聆聽者就會發現：「啊，他正在想下一句要講什麼。」

為了避免這種情況，請**不要把劇本從第一行背到最後一個字**。應該要**把說話內容換成「位置資訊」輸入到腦海裡**。

比如說，就以下面這個便當說明為例。

「便當盒區分為4格，右邊比較大的格子裝放了海苔的白飯。左邊分為3格，上面是烤魚，中間是燉蔬菜，下面是醃漬小菜。」

此時你腦海中只要浮現便當盒的樣子，很快就能記住。「右邊」是放了海苔的白飯，「左上」是烤魚，「左邊中間」是燉蔬菜，「左下」是醃漬小菜，這就是用「位置資訊」把內容物輸入腦中的方式。這樣一來比起記住文字，會讓我們更簡單就把這段說明講出來。

簡報也是一樣，這像腦中有一個大便當，並在裡面放入「做好標籤的小盒子」。比方說，「左上」是「結論」的小盒子，「左下」是「理由」的小盒子，「右上」是「具體範例1」的小盒子，「右下」則是「具體範例2」的小盒子。接著再把詳細內容，用條列的方式放進盒子裡。

簡報的時候，請**在腦中浮現那個小盒子**。「現在打開的是左下的理由小盒子」，只要記得順序和位置就好，之後就用自己的語言來說明即可。比起硬記下來再說出口的文字，**當下立刻浮現並能說出口的語言更有力量**，也更能傳達給對方。

POINT

不使用文字，而是把資訊變成「位置資訊」來記憶。

77 不同長度時間的不同簡報法

簡報的時候，原稿或投影片不一定都能放在眼前。比方說研討會或開會的時候，可能被要求「請每個人做30秒的自我介紹」，或是「請發表一句感言」等等。這種時候要是沒有任何準備，肯定會很慌張。

因此先做好準備會比較理想，也就是**依不同時間切換「模式」**。這是把我在76條中介紹的「腦內便當盒」的內容物，換成以時間長度來區分的方法。如果只有10秒，那就只說明飯的部分；要是有90秒，那就把飯、烤魚跟蔬菜都說一遍。

當我們要提出意見的時候，通常會依照「提出議題」、「結論」、「具體事實與理由」這樣的順序來說明，但**如果只有10秒，那就只能「提出議題」，再用一句話說明「結論」；如果有90秒，除了「提出議題」與「結論」之外，另外可再舉出一個「具體範例」來說明，時間應該就會剛剛好**。

我們就用具備下列特徵的烹調用品為例，思考一下該如何說明吧。

「只有一個開關，沒有其他多餘功能的簡單烹調工具。只要將材料和調味料放進內鍋裡，按下開關就會開始烹調。燉煮時不需要擔心到處亂噴。在鍋子烹調食物的過程中，使用者可以去上班或做其他的家事。」

如果要用10秒來說明的話，大概只能像這樣提出議題，再用一句話說出結論：**「大家都想在有限的時間裡過上高效率的生活，這是一個能讓你從烹調時間中，獲得解放的一鍵萬能烹調工具。」**

如果有90秒可以說明，那就能再加上一個具體範例：**「大家想不想在有限的時間內過上高效率的生活？這是能讓你從烹調時間獲得解放的一鍵萬能烹調工具。比方說想煮魚的時候，只要把魚和調味料放進鍋中，再按下按鍵，之後只要等待它完成即可。不必擔心醬汁噴出來，也不用害怕魚會燒焦，你也不必一直待在鍋子旁邊守著。」**

若只能用短時間作說明，請不要想讓對方明白全部內容。**只要說出重點，讓對方覺得「想繼續聽下去」，那就已經成功了。**

POINT

事先準備好不同長度的「說明模式」。

78 一開始就用問題將對方拉進對話

簡報的時候，很容易就會變成發表者的一言堂。但請大家想像一下，如果在日常對話中都是你一直聽對方說，會不會覺得有點痛苦呢？簡報時**請抱持要和聆聽者進行對話的心理準備**。

所以，問問題就是一個非常有效的方式。尤其是在簡報剛開始的時候，說話者與聆聽者之間會有一道「看不見的牆」，丟出問題後就能打破那道牆，建立起「我和你處在同一個地方」的一體感。

問題最好要是對方能夠簡單回答的內容，不過在有限的時間裡，與其提出「今天各位是怎麼過來的」這樣的問候，還不如依照簡報目的及內容去發問。

比方說「大家是否曾在這方面遇過難題」、「有沒有人覺得要是有那種東西就好了」等等。詢問聆聽者在意的事情，就能讓對方心中覺得「沒錯沒錯」，甚至連連點頭。如果只是單純告知「今天的簡報目的是○○」，那就只是單向的發言，但若是用提問的方式，就算聆聽者沒有真的開口，但在他的心中也會覺得是在跟講者對話。

或也可以用「覺得是A的人請舉手」，這種能讓聆聽者舉手的問題也不錯。但簡報時與其一開始就丟出這種問題，不如等進行一段時間後再用這種方式比較好。因為一開始講者與聆聽者都還有些緊張，就算問說「請舉手」，聆聽者可能會因為在意旁人而不敢輕舉妄動。

但是如果說了「請舉手」卻得不到任何反應，身為講者的你應該也會覺得很空虛、碰了一鼻子灰。

說話的時候，要像在跟每一個聆聽者進行「腦內對話」，這樣簡報一開始就能緊緊掌握著聆聽者的心。

POINT

丟出問題，是為了讓聆聽者覺得「你與我同在」。

79 如何分配視線？

孩提時代，是否有人曾告訴你「要看著對方的眼睛說話」、「聽別人說話的時候，要看著對方的眼睛」呢？當彼此的眼神交會時，就能產生信任感，也可以確認彼此的表情。

簡報的時候如果一直盯著原稿或投影片，那麼就沒辦法看到聆聽者有什麼反應。因此，**如果想要讓自己的說明確實傳達給對方，就必須要有眼神的交流。**如果看別人的眼睛會覺得緊張，也可以看對方的眉間。

如果是一對一簡報，就要看著對方的眼睛說話。但一直瞪著對方，人家也會緊張，所以可以在問問題的時候，或是對方回答的時候，大概花3秒鐘左右注視對方即可。

如果對方有好幾個人，那就依照順序一個一個看過去，與每個人都有眼神交會。若是很大的會場，請務必包含最後一排的人在內，讓每個固定區域的人都能掃過你的視線。比方說，右半邊、正中間、左半邊都各自選定一個人進行眼神交流。另外就是聽完你說的話以後，會場裡一定會有那種「嗯嗯」點頭反應的人。請找出那種人，然後以對著他說話的感覺進行眼神交流，這樣你說起話來也會比較輕鬆。

還有一點希望大家特別注意的是，如果一直想著「必須要有眼神交流」，內心很容易就會覺得，說話的目的是要看對方的眼睛。

但其實，**眼神交流的目的，是要讓你和對方的心靈能夠對話。**不要只侷限在看對方的眼睛，而是要用你跟那個人在說話的感覺，將視線投射過去。不管是一對一或一對多，說話的對象基本上都是一個人。請看著某一個人的眼睛，就像是在跟那個人說話一樣，這樣對方也會覺得「你是在跟我說話」。

POINT

找出對你說話內容有反應的聆聽者，與對方進行眼神交流。

80 用沉默提昇受矚目的效果

還記得我高中的時候，老師發現班上有人上課在睡覺，就告訴大家：「各位同學，請大家安靜一下。」然後老師也閉上嘴不說話。教室陷入一片沉寂，不一會兒，那個睡著的同學猛然驚醒。或許是因為教室的氣氛變了吧？這種事情見過幾次以後，我開始覺得，沉默真的具有相當神奇的力量。

就算是在吵鬧的會場中，如果講師和司儀一句話都不說，那麼會場就會變得一片寧靜，所有聆聽者的眼睛與耳朵，瞬間都會聚焦在說話者身上。

沉默有使人受矚目的效果。

如果一直都用相同的語調進行冗長的說明，聆聽者也會感到厭倦。根本搞不清楚哪個部分重要，講者強調的重點是什麼，也不會放在心上。此時就可以使用「沉默」來製造效果。在講重要事情的時候，為了讓關鍵字變得更加清晰，要**在關鍵字前後打造出「間隔」**。這樣一來，關鍵字就會清晰浮現。

比方說，「開始簡報的時候為了掌握對方的心思就要試著提問」，如果只是單純這麼一句話，聆聽者聽完也只會是左耳進右耳出。但如果先說「開始簡報的時候為了要掌握對方心思」，就先停頓一下，**空出一段時間就好像是在說「接下來我要說非常重要的事情」**，結果會如何呢？這就是要聆聽者去思考「是什麼？」的時間。接著在你說完「就是要試著提問」之後，再次做出「間隔」。這樣一來，聆聽者也會有時間確認「原來是要問問題啊」。

另外，在改變話題的時候，也要像切換鏡頭那樣稍微加入一點「間隔」，這樣對方就能明白「接下來要轉換話題了」。其他還有像是，問問題時先等個3秒鐘，也能夠提供聆聽者思考的時間。

對聆聽者來說，他們需要時間消化自己聽到了什麼。只要稍微打造一點「間隔」，說明的內容就能在聆聽者心中留下印象。

POINT

打造出「間隔」，讓聆聽者專注在說話者的言詞中。

81 落語風格的簡報能將「影像」傳達給對方

如果一直聆聽毫無高低起伏的談話，真的是很無聊對吧。比方說在新品發表會上，與其一直聽產品的性能以及冗長的功能說明，還不如說點開發時的小秘辛會比較有趣。

在33條中我提到，「用故事表達，就能打動聆聽者的內心」。簡報的時候也是一樣，**如果把具體的故事用如同連續劇的方式說出來，就會在聆聽者的心中留下印象。**

這時候大家可以參考落語[4]。大家如果聽過落語，應該都會覺得彷彿有影像浮現在眼前對吧。

簡報與用文字表現故事的情況不同，主要是用口述的方式表現，所以**把故事作為會話主體，也會給人一種臨場感**。落語是用生動的對話和手勢，讓聆聽者能想像出情景。而簡報需要的，就是納入這種「對話」與「手勢」。

比方說，現在你要介紹一個社長的故事，內容是「明明拿到了新契約，年輕員工卻覺得工作增加，心情很煩，這樣的思考差異就讓人覺得很困惑」。

如果想跟落語師一樣，只要動動肩膀以上的部位，轉動臉部，改變方向來表現不同的角色，大概就會像下面這樣。

朝向正面：「前些日子，合作廠商的老闆好像在抱怨一些事情。」

朝向右邊：「簽了新契約，以為員工會覺得很高興。結果年輕員工居然覺得很煩。」

朝向左邊：「這是為什麼啊？」

朝向右邊：「他們竟然跟我說，不要再增加他們的工作了！哎呀，這該怎麼辦才好?!」

與其單純告知「有這樣的事情」，還不如用對話來表現這個故事，這樣是不是覺得更有臨場感，連角色的感情也能一起表達出來了呢？

想讓簡報技術更上一層樓的人，要不要試著用落語來練習你的說話方式？

POINT

用對話來表現故事，就會更有臨場感。

註4：日本一種類似單口相聲的傳統表演藝術。

82

用站立位置來表現時間

或許要求得有點突然，但請各位在紙上畫出一條橫線。如果把這條線當成時間的流動，那麼你覺得，「過去」是在線的左邊還是右邊？我想大部分的人應該會覺得是在左邊吧。

多數人都會覺得**「時間由左往右流動」**，實際上如果想把數據依照時間排列出來，或製作成表格的時候，我們都會讓時間由左往右前進。因此在**簡報中想表現出時間的前後關係，也要把這個「由左往右」放在心上，來改變站立位置，或是用手勢表現出來**。

聆聽者的左手邊是過去，右手邊是未來，因此講者站在前方面對聆聽者的位置上，講者的右手是過去，左手就是未來。

比方說，「去年的銷售額是1億日幣，今年提升到2億日幣」，當提到這種有前後關係的事情時，應該怎麼做才好？這種情況就要一邊說「去年的銷售額是

1億日幣」時舉起右手，然後在說「今年提升到2億日幣」的時候舉起左手，而且還要高於右手的位置。這樣對於聆聽者來說就會覺得，談話內容與講者的動作是一致的。

用簡報提出建議的時候，想必常常會提到目標成果與數據等未來的想像。如果是這種簡報，說話時請用左手稍微指向你的左上方，這樣一來，聆聽者就能想像未來的成績會逐步上揚。

另外，如果能夠自由移動自己的站立位置，就可以在說明「步驟一要達到這個程度，步驟二則是……」的時候，依照時間往左邊移動，並在談話時加上動作，這樣就能吸引聆聽者的注意。

POINT

將「時間由左至右流動的概念」放在心上，挪動你的手與身體。

83 只要能讓箭號朝向對方，就可以自信滿滿做簡報

要在人前做簡報，大家都會感到緊張。但如果因為緊張而畏畏縮縮，或因沒有自信而用蚊子般的細小聲音說話，那麼聆聽者也會感到煩躁，無法集中精神在說明的內容上。所以就算用裝的也沒關係，請**務必以大大的笑容、堂堂正正地面對聆聽者**。只要露出笑容，活力十足地打招呼，就能緩和緊張氣氛。

為了要自信十足地簡報，事前練習絕不可少。尤其是為了讓簡報在時間內結束，一定要確認時間的分配。

在Power Point的投影片功能裡，有一個「排練計時」功能。使用這個功能，就可以演練聆聽者在面前的時候，出聲說話的狀況。這個功能可以記錄每張投影片各別花費了多少時間，所以能確認每張投影片需要花多少時候，然後再來調整說話的速度，可以如何調整原稿來省去多餘的話語……等等。透過練習，當你能在時間內講完簡報，想必也能稍微感到安心一點。

我在簡報的時候，也會緊張到拿麥克風的手抖個不停，但我也曾經因為些許的緊張感，而覺得相當愉快。後來我回顧這兩種情況的差異到底是什麼，結果發現這是由於緊張的對象不同所造成的結果。

我之所以會太過緊張，是因為內心強烈想著「一定要做好才行」、「失敗就太丟臉了」，也就是將念頭都投往自己身上。

另一方面，當我的心情強烈傾向「希望能把這件事情告訴對方」、「要是對方能把這件事放在心上，帶回去就好了」，此時就會覺得比較愉快。也就是說，把意識的重心放在聆聽者身上，用字遣詞自然就會變得比較熱情。

當然，眼神的交流與留下「間隔」也非常重要，但**更重要的是「將心思都朝向對方」**。只要能夠做到這一點，你的視線就會自然朝向對方，言談的抑揚頓挫、請對方注意此處的「間隔」也會自然展現。所以，還請抱持著「要傳達給眼前這個人」的心情來做簡報吧。

POINT

別想著「一定要做好」，要以「傳達給這個人」的心情來面對簡報。

第8章

電子郵件、線上聊天說明

84 信件主旨就要讓人知道來意

你一天會收到幾封電子郵件？根據一般社團法人商務信件協會的問卷調查，「商務電子郵件實況調查２０２３」（有效問卷１６３４人）的結果顯示，工作上會使用電子郵件的人，每人每天平均要收49．97封電子郵件。

在這片信件海中，為了要讓你的郵件能早點被點開，最重要的就是**「信件主旨就要讓人知道來信的目的」**。

舉例來說，如果你收到一封郵件主旨是「關於報價」。你看到這個主旨是不是會產生「是什麼報價？」、「是要問我報價、還是回我報價？」這樣的疑問呢？那麼如果對方寫的是**「關於引進○○系統的相關報價」**，那光看主旨就會知道對方是要做什麼了。

如果主旨夠具體，收信的人就能判斷是不是需要馬上確認，或者沒有那麼十萬火急。這封信件是何時、哪裡、為了什麼、需要做什麼，請都寫在主旨上。

你也可以在主旨前面，放上【提醒】、【連絡】、【報告】、【商量】這種**前置詞來告知郵件的明確目的**。這個時候當然也要寫出具體內容，像是「【連絡】〇月〇日〇點～：業務會議相關事宜」。

另一方面，我也收過那種也許希望我趕快點開，所以在主旨前面放上【重要】、【緊急】等提醒的郵件。但我不建議使用這種方式，因為經常在點開之後覺得根本沒有那麼重要。如果時常這麼做，等到你真的寄出重要的信件時，對方也根本不想看了。

另外也請避免【需要確認】、【需要回信】這種給人強迫，要對方必須有所反應的表現方式，尤其這若是寄給其他公司的人或是上位者，很可能會讓對方感覺不愉快。所以請在信件正文裡，用禮貌的方式好好請求吧。

POINT

希望對方何時、哪裡、什麼、做什麼，信件主旨都要具體寫出來。

85 電子郵件一行最多寫20字

如果一天要收將近50封電子郵件。如果能夠看個一、兩眼就大概知道要做什麼，那就太理想了不是嗎？所以在寫郵件的時候，也請記得不是要讓對方「閱讀」，而是要請對方「瀏覽」，因此**電子郵件的「外觀」也很重要**。

如果是版面整個擠滿文字的郵件，或是文章非常冗長，那麼看過去根本就不知道哪一段寫了些什麼。除了不好閱讀之外，也會給對方一種「資訊沒有經過整理」的印象。為了讓信件正文能夠看出哪裡寫了些什麼，寫信時可以將不同資訊分段來寫。

具體來說，**一行文字數在20字[5]以內**會比較容易瀏覽。但是也不可能寫信的時候一直數每行有幾個字，所以建議在**可以斷行的時候就直接斷行**。比方說，我們來看看20字可以怎麼斷行吧。

關於今後的計畫，企畫案必須在7月31日前製
作完成，並於8月5日之前申請。

斷行的位置跟整個文面的意思沒辦法完全符合，所以讀的時候會覺得有點卡。

關於今後的計畫，
企畫案必須於7月31日前製作完成，
並且於8月5日之前申請。

像這樣**依照句子要說的意思去斷行**，閱讀上會比較輕鬆。

另外，正文每4～5行就插入空白行，郵件會比較有張力，也非常俐落，容易閱讀。

POINT

將資訊依照段落區分的感覺換行。

註5：約中文12～13個字。

86 用線上聊天直播

我之前曾在負責供應工廠生產所需的電力及水力部門工作，最糟的就是遇到打雷造成的停電情況，此時大家就要兵分兩路，想盡辦法「連絡相關部門，並維持控制台能掌握整體狀況」，然後「派人前往現場，重新啟動停止運作的機械」。如果是發生在處理人員較少的夜間或假日，就只能一個人留在控制室裡，其他人都要前往現場修復機器。

控制台的人員會用電話連絡現場人員，然而生產部等處也會拚命打電話詢問目前的狀況。如果因為在講其他電話，沒能馬上應答，還會被臭罵「為什麼不接電話」。

後來我前往中國工作，那裡的工作連絡及指令傳達，都是用聊天程式進行的。

有一天，中國那邊突然停電。當第一波的聯繫出現在群組聊天室裡，負責人員就會趕往現場搶修，接著會在現場用訊息不斷說明狀況，感覺像「來自各地的實況轉播」。如果負責人員不知如何判斷時，也可以馬上拍照片或影片上傳到聊天室裡，再跟上司確認應該怎麼做。

留在控制台的我，就可以專心在白板上整理現況，連絡相關部門的時候，也只需要拍下白板的照片傳到聊天室裡，這比口頭說明一大堆要來得更清楚。

現在也有許多職場引進了**聊天工具，它最大的優勢就是大家即使在不同的地方，也能同時得到情報，因此效率非常高**。另外就是這些往來都會留下紀錄，以後如果發生了同樣的問題，就可以參考過去的做法，能輕鬆留下步驟也是它的優點之一。

聊天程式在推動管理、應對問題上，都能夠有效傳達並共享資訊，可以說是非常方便的工具。

POINT

在必須快速共享情報時，聊天程式非常可靠。

87

「報告」、「連絡」、「商量」的時候不要用表情符號

當商務用的聊天室逐漸普及之後，應該有不少人會煩惱說「到底能不能用表情符號？」、「哪些表情符號可以使用？」之類的問題吧。如果公司內有特別規定，那只要乖乖遵守就好；如果沒有，那就自己稍微決定規則即可。

表情符號能夠補充一些，單純的對話無法傳遞的感受，但也很有可能導致單方面的誤解，或是重要情報反而被忽略，所以在**「報告」、「連絡」、「商量」時最好不要使用表情符號**。

比方說，如果因為交貨疏失導致客人跑來抱怨，而你必須在聊天室立刻向上司報告情況——

「交貨疏失導致客人來抱怨💦 非常抱歉😞」

「交貨疏失導致客人來抱怨。非常抱歉。」

如果有表情符號，是不是會想說「這個表情符號是什麼意思啊？」」，結果注意力完全被內容以外的東西帶走。如果沒有表情符號，就比較能直接接收到情報，也會覺得比較誠實。

就算是為了表現「內心非常焦急」或「心情上深感抱歉」的表情符號，這些「發訊者的情緒」對收訊者來說都是不必要的資訊。這是由於「報告」、「連絡」、「商量」當中，「報告」及「連絡」要講的，基本上都是「事實」。

而「商量」一開始要告知的也是「狀況」，換句話說還是「事實」。「報告」、「連絡」、「商量」最重要的是，用5W1H將整理出來的事實，簡潔地傳達，因此不必夾雜精微的語感或情緒。

說到底，聊天程式是用來盡快告知訊息，而不是傳達深入內容的工具。請不要使用多餘的表情符號，簡潔告知必要訊息就好。

POINT

「報告」、「連絡」、「商量」的時候，不需要使用表情符號傳達精微語感。

88 連絡部下可以用表情符號

在87條中我提到，「報告」、「連絡」、「商量」時不需要使用表情符號，不過若是上司對部下、前輩對晚輩聊天的時候，請積極使用表情符號。這是因為，如果說話者的立場比自己高，就算對方沒有那個意思，但接收訊息的人還是會感受到「壓力」。

如果是面對面溝通，那還能夠靠表情、手勢、身體動作來表達情緒或語感。就算是電話，也能從聲調和音量來判斷對方的狀況。但是聊天室裡就只有文字，很難確定對方到底是在什麼意圖下，講述這句話的那種精微語感。

我自己就有過好幾次，因為上司傳來的聊天室訊息而膽戰心驚。

看到「現在馬上把○○資料拿到會議室來」這條訊息的時候，我畏縮地想著「他是不是心情很煩躁啊？」、「是不是漏了什麼東西，所以他在生氣呢？」等等。但結果只是「有些在意的事情，想確認一下資料而已」，但因為是上司傳來的

訊息，總讓人覺得像是一種威嚇。

如果可以加入表情符號，變成**「現在馬上把〇〇資料拿到會議室來🙏」**，那就可以知道上司的心情是「哎呀，真不好意思」，也就不用費心去煩惱了。

除此之外，還有「那件事辦得怎樣了??」、「明天應該就是交期了吧?!」像這種**「??」和「?!」也會讓人感到無言的「壓力」**。就算打出這些文字的人完全沒有那個意思，接收訊息的人還是會有被逼問的感覺，甚至非常負面地想說「這應該是在催我吧？」、「是不是在嫌棄我呢？」等等。

地位越高的人，要知道光靠文字往來，自己發出的語句就會存在「壓力」，所以還請積極使用表情符號。不過，愛心符號可能會產生不必要的誤解，尤其是不要對異性使用。

POINT

地位越高的人越要積極使用「正面意向的表情符號」。

89 希望對方馬上確認的簡報資料要傳圖片

假設遇到「十幾張投影片裡面，有一張的內容馬上需要上司確認」的時候，你會怎麼做呢？是不是使用電子郵件，或用聊天室把檔案傳過去，然後附上一句「第三張投影片的〇〇部分，做成這樣可以嗎？煩請確認」這樣呢？

如果你需要對方確認簡報的整體資料，這樣做就沒問題。如果**只是要確認一部分而已，那就不要傳整個檔案，我建議用圖片格式傳送**投影片的內容就好。

若是外出的時候要確認資料，那麼收到檔案時，就要先下載才能看。另外，我想大家外出時，應該都會用手機確認吧？如果用手機打開Power Point檔案，文字的位置也很可能會跑掉，或排版會整個亂掉。如果是傳送圖片，那就不必擔心內容會亂掉了。

除此之外，傳送前還請**先花點小功夫，把需要對方確認的地方圈起來，或是**

標上一個箭頭等等。

否則就得冗長說明「在投影片上面的三個圓圈當中，最右邊那個寫的是○○，請確認這樣是否正確」。

先把需要對方確認的地方標出來，再告知**「請確認紅色圓圈圈起來的部分，這樣的表現是否恰當」**即可，對方馬上就能明白到底要看哪裡，也會非常輕鬆。

所以請站在對方的立場，稍微花點功夫，你的表達能力就會更上層樓。

另外就是，把單張投影片做成圖片傳送的步驟，也非常簡單。如果是PowerPoint，那只要從投影片清單中選擇該張投影片，再按下複製，然後貼到聊天室就好了。

POINT

對方外出又希望他馬上看資料，就傳送「一眼就明白」的圖片。

90 截圖方便也要看怎麼用

智慧型手機的截圖（擷取螢幕畫面）是非常方便的工具，內容可以一目了然。就算不用一字一句說明，只要截圖就能清楚了解內容。但請盡量處理成讓對方不會看漏資訊的型態。

團體出差回來的時候，通常會請費用負責人整合好交通費以利核算。每個成員必須把自己從自家到出差地點的路線，以及交通費等各項內容，用郵件或聊天室寄給負責人彙整。如果是你，會用什麼方式連絡對方？我會像下面這樣，把每個路線的各別金額、單程合計、來回合計都寫給對方。

「○○公車站～△△站：＊＊＊元、△△站～□□站：＊＊＊元、單程合計：＊＊＊元、來回合計：＊＊＊＊元」

不過成員之中，卻有人傳了一張換車指引APP的畫面截圖，截圖上雖然顯示了每個路線的金額與單程合計金額，卻沒有顯示來回金額。負責核算的人得看著上面顯示的單程金額，自行計算來回金額，並跟我這樣說：「雖然不是什麼麻煩事，但就覺得為什麼是要我來算啊？」

確實，用截圖的好處就是，一眼就能看出路線和金額是否正確。或許傳那張圖的人也是想說「我真的就是花這個錢，所以才申請這個金額」，然後把截圖當成證據傳給負責人。但若能明白**對方真正需要的資訊**究竟是什麼，或許就不會傳張截圖了事。畢竟**「你看這個就知道了」的方式，可稱不上「說明」**。

請思考自己送出的資訊會怎麼運用，以及對方需要的是什麼內容，然後**用文字來作總結**吧。

POINT

請用文字告知結論，截圖只是資訊補充。

91 對方會聽不順耳的話，不要用電子郵件或線上聊天告知

人與人面對面溝通的時候，我們並不是單純使用語言，還會同時接收表情、聲調、肢體動作等言語以外的資訊。比方說，對方臉色一沉或聲音忽然變小，那就有可能是「或許在擔心什麼事情」、「感覺不是很想這麼做」等等，我們可以察覺對方精細的情緒變化。

但只有文字資訊的時候，就不知道他是用哪種語調來說那句話的，想要推測對方的情緒就會非常困難。

若是面對面，笑著拍拍對方肩膀說「下次多注意」就好，這樣的內容如果**只剩下文字，根本無法感受到那樣的語氣，也很可能會給對方超乎想像的「壓力」，或是在無意中傷害到對方**。

因此，如果你說的話在對方耳中可能會有些刺耳，比方像是要提醒什麼事情，或敦促對方改善的時候，請不要使用郵件或聊天室，要盡可能面對面告知對方。

使用郵件或聊天室，就無法看見對方的反應。要是對方「已讀不回」，那麼想必雙方的心情都不會太愉快。若對方找藉口或是反駁，結果開始用文字爭論起來，那氣氛就更糟了。

更何況，郵件和聊天室都會留下一個永久的「形體」。留下實際的形體就表示，很可能會一再看到那個東西。只要每次看到讓自己不舒服的訊息，那種不愉快的心情就會浮上心頭。

我也曾經在聊天室中收到批判及攻擊的言論，每次看到都會覺得難過，也非常痛苦。當然，既然討厭也可以選擇不看，或是刪除訊息就好。但是並不是所有人都會刪除令人不愉快的訊息，畢竟你無法控制傳訊息給你的人。

如果要講一些對方可能會覺得刺耳的話題，請用郵件或聊天室告知「有事情要說」，但是要說什麼請在能面對面的時候，再跟對方談吧。

POINT

提醒或要求改善等訊息，請不要用文字留下存在的「型態」。

92

道歉要自己去對方那裡

如果必須向人道歉時，想必心情會非常沉重，不禁會想著「見面實在太尷尬了，還是寫信道歉吧」。但是**道歉的時候，最好還是先打個電話告知自己的歉意，詳細狀況則要前往對方那裡，直接向對方說明**。畢竟本章已經提過無數次，只用文字是很難表現出情緒和態度的。

不管你是用多麼大的誠意在寫那封道歉信，你的心情還是很難傳達給對方。所以一定要親自前去表達你的誠意。

另外就是，有時在選字用詞上也可能會火上加油。比方說，我們經常聽到政治家或企業在謝罪記者會上說什麼「深表遺憾」。但是「遺憾」原本的意思其實是「可惜」，所以這根本稱不上道歉。也聽說過「讓客人感到不愉快，我們實在相當抱歉」這種說法遭到批判。這也是因為，如果錯出在他們身上，那麼道歉的時候就應該要說明「由於我們錯誤的ＳＯＰ」，明確指出讓客人不愉快的原因。

而且，不管你的道歉信寫得多麼冠冕堂皇，用電子郵件寄出等於只是你單方面的行為，不過只是把你的藉口丟過去而已，對方又怎麼會接受呢？

更何況萬一理解上有出現落差，甚至還會造成更大的麻煩。與其寄出那種信件，或是找藉口做做「文字應酬」，還不如直接面對面，不僅能互相詰問，也能更快解決事情。

如果非道歉不可，也可以轉換一種觀點，把它當作是改善今後關係的機會。如果對方開始抱怨，我們就要了解現況與「對方期待」的差異為何。如果自己一開始沒能發現對方的要求，卻藉此而明白了，就能趁機提出新的建議。

謝罪信件的範例俯拾皆是，但真正**重要的不是書寫方式，而是「能為對方做什麼」**。所以千萬不要只使用文字，而是直接見面說明比較好。

POINT

重要的不是「書寫方式」，而是「能為對方做什麼」。

第9章

線上時代的說明技術

93 排除背景多餘的資訊

現在大家已經非常習慣在線上開會或舉辦研討會，我想應該也有人是使用遠端工作，在自家進行商務會議或簡報的吧。這種時候，大家有沒有注意被拍進畫面的背景呢？

我經常會在家裡開線上講座，背景都會是純白素色的牆面。這是因為我聽線上講座的前輩與創立品牌的專家說過，「背景的樣貌會讓對方無法集中精神」、「背景會讓人對自己產生不同的印象」。

當對方的鏡頭拍到背景的時候，我確實會邊看邊想，「哇～是開放式廚房」、「這客廳好棒喔」等等，眼睛會不自覺地離開對方的臉，開始注意起背景。所以請盡可能排除與你的說明無關的東西，讓對方的眼睛和耳朵，都能夠專注在你的說明上。

話雖如此，有時候可能身在背面不是素面牆壁的環境，所以也有很多人會使用虛擬背景。**使用虛擬背景的時候，基本上也必須「乾淨」、「簡單」。**尤其是在開會、商務會談、演講時，當你必須對畫面另一頭的人進行說明的時候，建議還是要選擇白色素面的背景為佳。

如果用了太花俏的顏色，或是會動的背景，那麼對方的眼睛無論如何都會看向背景。使用風景、動物等自己喜歡的圖片當背景，感覺有「緩和氣氛並創造話題」的效果，但還是會令人分心，所以也不太適合用在說明的場合。

另外就是，在使用虛擬背景的時候，就算手上拿著商品，也很可能會變得透明，並與背景融為一體，讓對方感覺看起來很模糊。「想拍的東西拍不出來」、「想看的東西看不到」，這都會造成雙方的壓力，當出現這種現象時，只要採用綠幕就能改善，如果無法做到這種程度，那就最好不要使用虛擬背景。

POINT

為了避免對方失去集中力，背景必須「乾淨」、「簡單」。

94

注意由上往下的視線

在79條中，我提到簡報時的眼神交流非常重要，線上簡報時也是一樣的。不過**線上我們要看的並不是對方映在畫面上的眼睛，而是電腦的「鏡頭」**。如果這個鏡頭的位置和視線位置不同，就會讓對方覺得怪怪的。

我也曾用電腦拍過自我介紹的影片，當時因為沒有注意視線要望向鏡頭的位置，結果最後只能全部重拍。

我把電腦放在桌面上，然後自己站著講話，後來回看拍好的影片時，感覺就像是我從上面往下看，非常有壓迫感。而且整張臉變得非常陰沉沉，給人印象很不好。

另一方面，如果攝影機的位置比視線高，也會給人一種撒嬌、諂媚，或是沒有自信的印象。

參加線上會議時，偶爾還會出現從頭到尾只看到側臉的人。可能他是用多螢幕工作，或是把外接攝影機放在旁邊，但是露出側臉會給人一種沒有在聆聽的印象。所以**請將攝影機調整到視線位置，並且讓臉面向攝影機的正面**。

如果使用的是筆記型電腦，就能利用筆電架來調整高度。如果是使用外接的網路攝影機，也可以使用能調整高度的腳架。

眼睛高度與攝影鏡頭高度有沒有對到，可以使用30公分直尺或是皮尺來確認。把直尺或皮尺一端拉在眼睛這邊，如果是呈一直線連向攝影機的位置，那就沒有問題了。

只要有些許的不同，就會造成很大的印象差異。所以請思考對方看起來會是什麼樣子，然後安排好鏡頭與視線的位置。

POINT

將鏡頭位置調整到能直視前方的視線。

95 不要看著螢幕上對方的眼睛，而是要看著攝影機

94條中我告訴大家，攝影機位置符合視線位置非常重要。這是因為鏡頭就是「對方的眼睛」，線上活動如果要和對方取得眼神交流，就必須看著鏡頭。

但我們很容易就會看著對方映在螢幕上的眼睛說話，因為想要看到對方的表情。如果你是看著螢幕上對方的眼睛說話，那麼在對方眼中看起來會是如何呢？對方看到的你，將是目光朝下或斜視看著他，完全沒有對上自己的視線。

如果不看鏡頭而是看著螢幕上對方的眼睛，就會呈現一直垂著眼睛的感覺，會讓對方覺得你沒有自信。

俗話說「眼睛能說的話與嘴巴一樣多」，這是因為眼睛能夠傳遞的資訊非常多。比方說如果發現什麼，或對什麼東西有興趣，眼睛就會睜大；不安的時候則容易垂下眼皮……等等，我們可以從眼睛的動作來解讀對方的狀態。

話雖如此，要讓眼睛看著鏡頭、又要讀取對方的表情，實在不是一件容易的事。

因此要以眼神的交流為優先，看著鏡頭說話，然後集中精神看著鏡頭聆聽對方說了什麼。**只要想著鏡頭的另一邊就是那個人，自然就會看向鏡頭了。**然後偶爾再看一下螢幕的整體畫面，確認對方的樣子。

如果參加者只有兩、三個人，可以調整畫面尺寸，或改變畫面的顯示設定，讓映照出參加者的格子能較靠近鏡頭的位置。

如果是 Zoom 的演講模式，那麼參加者的格子就會在說話者畫面上方排成一列。由於是在距離鏡頭較近的位置，那就可以看著鏡頭說話，同時比較輕鬆地看著參加者的模樣。如果不習慣看著鏡頭講話，請務必多加嘗試，努力調整過來。

POINT

說話的時候，要想著對方在鏡頭另一邊。

96 動作誇張點

比起實際的面對面，線上活動很容易就會感受到跟對方之間的距離。所以先要有個概念，就是你的熱情要提升到120%左右，才能傳達你想講的事情。

聲調也要比平常高一點，才會有開朗的氣氛。另外像是點頭的時候，也請用力上下晃動臉部、全力點頭。如果沒有這麼大的反應，就沒辦法讓螢幕另一頭的人，感受到你想表現的東西。笑容或驚訝等臉部表情，也要誇張一點比較好。

如果大家都盯著畫面一動也不動，在相當單調的氣氛中淡然說明，大概也難以炒熱氣氛。因此在線上說明的時候，請抱持務必掌握對方目光與耳朵的心情用心以對。

具體來說就是除了肢體動作外，還要讓身體前後左右移動。動作太小的話，從螢幕上看起來就會非常不醒目，所以動的時候請記得動作要大一點，最好到自覺有點誇張的程度。另外就是在重要時刻，也可以猛然探出身子，讓臉靠近鏡頭，這

樣的效果也很好。

舉例來說，在談到「我現在說的內容非常重要，希望大家務必記住」的時候，如果語調跟前面的說明沒有兩樣，你還是身體靜止、語氣平淡地在講述那些內容，聆聽者可能根本不會留下印象。但如果在說「我現在說的內容非常重要」時，臉猛然湊到鏡頭前，還探出身子說：「請大家好好記住。」結果又會怎麼樣？發表者的臉突然變大，就會讓人覺得非常震撼。

如果是面對面，太靠近對方反而會造成壓迫，甚至感到不愉快。但是線上因為存在物理上的距離，所以就算畫面突然靠近，也不會因此感到不舒服，反而可能還會覺得有趣。

用大動作讓畫面產生變化，就能讓說明變得更有張力。

POINT

重要的地方要讓臉湊近鏡頭，營造張力感。

97 多問點！

在面對面開會說明的時候，很容易看到對方的反應，就算不刻意去做，也能創造雙向溝通。

好比對方在聆聽說明的時候，可能會說「確實」、「原來如此」等等，然後把你說的話寫在筆記上。看到對方這樣的反應，就可以推測「他比較在意的是這個部分」，或者「他說了一句『確實』，或許就表示他想到什麼事情？」所以就能從這裡切入，向對方提出問題。

然而在線上說明的時候，就很容易變成單向說明。畢竟在你說明的時候，對方應該大多會把麥克風關成靜音。這種情況下就必須從對方的表情和動作來讀取反應，但要一邊說明一邊看著對方的反應，卻不是一件容易的事。

我也會舉辦線上講座，包含一對一在內，如果參加者大概5、6人左右，基本上我都會請他們不要關靜音，因為這樣比較能夠掌握對方的反應。同時也可以由自己提出問題：**「〇〇先生／小姐目前聽到這裡有什麼想法呢？」**另外也可以共享螢幕，然後向大家確認：**「我現在把螢幕開分享，大家有看到嗎？」**在改變話題後，也可以詢問：**「接下來要進入〇〇的說明，大家都沒問題嗎？」**來取得參加者同意。如果能像這樣提問，對方當然也會有所回應，就不會變成只有單方面在說話。

在78條中，我說過「透過丟出問題，可以建立起『我和你處在同一個地方』的一體感」，而在**有著明確物理距離的線上會議中，還請記得多問些問題來打造共同的場域**。

另外，如果是同時舉辦面對面及線上雙方共同參與的「混合型會議」，也很容易就會變成只有在現場參與者一直在說話的結果，線上的人彷彿根本不在同一個世界裡。所以還請刻意向線上參加者發問，例如：「〇〇先生／小姐覺得如何呢？」

POINT

推展話題的同時，也要取得對方的確認或同意。

98

單向說明大概是15分鐘

有時候線上活動可能是公司內部的研習或是說明會，所以必須單向地在相當多人面前作說明。如果參加者很多，就非常難在螢幕上確認他們的表情。此時就算參加者中途跟不上進度，也會很難發現。所以也可以偶爾當作是在回顧，可以提出一些問題，確認一下「聽眾有沒有跟上來」。

話說**參加線上會議其實比想像中還要累**，如果是單向的聆聽者，也很難維持注意力。精神科醫師樺澤紫苑老師的著作《最強．腦科學時間術》（三采，二〇一八）[6]中提到：「能夠持續保持非常專注的集中力，大概只是『15分鐘』，不超過20分鐘。因此可以把『15分鐘』當成一個單位。」我回顧以前參加研習和簡報的經驗，也發現如果每15分鐘就改變話題，或加入習題，參加者就比較不會感到厭倦。

單向的說明也是一樣，**以15分鐘為標準，詢問對方「到目前為止還可以**

嗎？」、「講到這裡，有沒有哪裡覺得不懂的呢？」然後再看著畫面上的參加者，確認他們的表情。

針對你提出的問題，如果大家都還是低著頭，或毫無反應，很可能已經沒有興趣了。如果遇到這種狀況，可以用「接下來再介紹幾個具體的範例」等方式，先提出聆聽者可能會有興趣的話題，或詢問幾個參加者的感想。在點到參加者姓名的時候，可以告知「依序剛好輪到我旁邊格子的某某人」，這樣被點到名字的人也不必費心思考「為什麼叫到我」，也會自然地回答你的問題。

如果是作單向式的說明，為了避免參加者跟不上，**請多設定幾個確認的時間。**

POINT

單向說明的時候，要停下腳步，創造確認的時間。

註6：『脳のパフォーマンスを最大まで引き出す神・時間術』／大和書房，二〇一七。

99 差在這裡！提升印象的技術

在實際面對面的時候，可以感受到對方散發的氣氛，但在線上卻會因為「隔著螢幕看東西」以及「進入耳中的聲音」的影響，產生印象的落差。**不管是「影像」或是「聲音」，只要能「明亮」、「清晰」，就能提升你的印象與好感。**

若是逆光或者房間的燈光太暗，就會讓臉看起來陰沉，也會給人一種灰暗的印象。另一方面，如果有從旁邊打過來的自然光，除了臉部的明亮度之外，頭髮也會反射光線，給人一種整體明亮的印象。我自己就曾這樣做過，光是把電腦桌移動到窗邊，開線上會議時就被問說：「妳最近看起來很有活力呢。」

但是自然光無法隨時利用，建議還是準備一下環型燈或是檯燈為宜。

關於「聲音」，**建議只要準備收取正面聲音的單一指向性麥克風就好。**電腦內建的麥克風，幾乎都是會收進所有聲音的無指向性麥克風，所以周圍的雜音都會收錄進去。比方說在你打鍵盤的時候，對方就會聽到你的打字聲，明明想集中注意力在談話上，卻一直傳來喀噠喀噠的聲音，這實在很難令人忽略。

另外，如果使用的是耳麥，有時麥克風的位置不好也可能會收不到聲音，或是動一下就會摩擦到衣服，結果一直發出嘶嘶聲響。這類雜音非常可能會使聆聽者分心，所以要盡量避免。

或許會有人覺得「我又不是要當YouTuber，不必做到這種地步吧？」，但現在不管是燈光還是麥克風，都有很多便宜的款式，還請大家務必考慮，事先準備為宜。這樣一來，就能大幅提升你給人的印象。

POINT

影像及聲音都必須「明亮」、「清晰」。

100 差在這裡！新聞主播風簡報

如果要在線上會議中做簡報，那麼就會經常把螢幕上的資料共享給其他人，但在共享完畫面之後，映照出發表者的格子就會變得很小。此時就算用力地展現你的肢體語言，對方也很難看得見你的動作。

這種時候可以使用的方法，就是**讓發表者的影像用子視窗來顯示**。也就是把發表者的影像放在共享的簡報畫面前，這樣就可以表現出彷彿是新聞主播在播報新聞的簡報模式。

只要使用這個功能，聆聽者就能看清楚發表者的表情，也會覺得對方更加親近。另外，也可以用手比向畫面上的資料，隨著發表者的動作，畫面也會出現動感以提升臨場感，對於聆聽者來說，這**會比單純看資料還要來得有變化且不會無聊**。

希望大家都能嘗試看看這個功能。

子視窗的顯示方式，會依據使用的線上會議系統而有所不同。

以Zoom來說，就要在共享畫面時，選擇「將Power Point作為虛擬背景」，然後點選簡報要使用的Power Point檔案。Microsoft Teams則要從「發表者模式」中，選擇自己想使用的模式。這些在操作上都不困難，請務必多加嘗試（詳細操作方法請參考各公司的支援網站）。

跟資料重疊的子視窗要放在哪裡才好？子視窗的大小要如何設定比較妥當？這些都可以靠發表者的感覺去安排處理。

但要注意的是，如果畫面上的投影片跟子視窗重疊時，千面不要遮住投影片上面的資訊。請在子視窗顯示的位置、大小，以及投影片的排版上多下點功夫。

線上會議系統也會不斷進步，請積極嘗試它的新功能，並利用功能上的差異，讓你的簡報變得與眾不同。

POINT

使用子視窗顯示功能，打造具有臨場感的簡報。

結語

你喜歡聽別人說明嗎？你喜歡閱讀說明書嗎？

我想大部分的人應該都會回答「不喜歡」吧。

基本上，人類並不喜歡聽別人說明，也不喜歡讀說明書，因為實在很無聊。

面對那些心中想著「才不想聽什麼說明」的人，如果能讓他們願意聆聽，並理解我的說明，甚至可以起身行動，做出「認可」、「購買」、「協助」等具體的反應，這樣的人不管在哪裡都會受到重視。

實際上，只要成為一個擅長說明的人，周遭的人就會非常相信你，甚至會對你說「下次也想麻煩你」、「事情交給你就放心了」。另外，如果能夠一次就通過企劃或提議，也就不必來回討論千百次，就能把事情做好，這不僅能提高你的工作效率，也能夠提升相關人員的工作效率，甚至別人還會感謝你，覺得「你實在非常細心」、「都是托你的福」。

要踏上這條開創未來的道路，會不會很艱辛呢？不，完全不會。因為你只要將一件事放在心上，就是「好好觀察對方」，而且這件事不管是誰都做得到。

想像一下你跟人互動的場景，當對方還沒有做好準備動作的時候，你會把球丟出去嗎？不會對吧。你是不是會先說一句「我要丟囉」，然後才把球拋出去？另外，你也不會故意把球丟到對方沒有做好準備的方向，對吧？如果對方是個孩子，那你也不可能硬是要投快速球，肯定也會稍微放水一下吧。我想你應該會好好觀察對方，然後投出對方會比較好接的球才是。

「說明」其實就像是「話語的投接球」，所以只要比照投接球的做法應對就好。

當說明不順的時候，很有可能是對方還沒有做好接球的準備，但你卻一直把球丟給對方。另外，也可能是你把球丟到對方預期之外的方向，害對方東奔西跑。也有可能是你根本考慮對方的能力與條件，硬是投出了快速球，結果害對方感到恐怖。如果你是這樣玩投接球的話，很可能會惹怒對方，或造成對方的困擾。

「說明」並不是非常困難的東西，只是在投接球而已。對方是否做好準備了？他站在哪裡？能接住哪種球？當大家在觀察這些事情的時候，希望本書也能夠助你一臂之力。請你從這１００個訣竅當中，任選一個嘗試看看吧。

不管是說明的你，或是聆聽說明的對方，希望都能透過這本書累積經驗，並展露笑容。若能如此，那就是我最高興的事情了。

最後我要說的是，本書的撰寫受到了許多人的協助。

讓我有出版機會的「表達力量【說話、書寫】研究所」所長山口拓朗老師；從企劃到編輯都給予我相當多建言的Kanki出版社的久松圭祐先生。我打從心底感激兩位。

另外還有將容易理解的範例介紹給我的各位朋友，還有上班族時代照顧過我的所有人，以及平時就給我指導與支持的大家，真的非常感謝你們。我想藉由這個機會再次向大家道謝。

另外我也打從心底感謝拿起本書閱讀的你。

謝謝各位讀到最後。

深谷百合子

國家圖書館出版品預行編目資料

懂得精準觀察，就能清晰表達：日本NO.1的「觀心」溝通學，輕鬆創造百倍「高聊效」！ / 深谷百合子著；黃詩婷譯. -- 初版. -- 臺北市：平安文化, 2025.04 面； 公分. -- (平安叢書；第0839種)(溝通句典；71)
譯自：賢い人のとにかく伝わる説明100式
ISBN 978-626-7650-25-7 (平裝)

1.CST: 溝通技巧 2.CST: 說話藝術 3.CST: 傳播心理學

177.1 114003374

平安叢書第 839 種
溝通句典 71

懂得精準觀察，就能清晰表達

日本NO.1的「觀心」溝通學，輕鬆創造百倍「高聊效」！

賢い人のとにかく伝わる説明100式

作　　者—深谷百合子
譯　　者—黃詩婷
發 行 人—平　雲
出版發行—平安文化有限公司
台北市敦化北路120巷50號
電話◎02-27168888
郵撥帳號◎18420815號
皇冠出版社(香港)有限公司
香港銅鑼灣道180號百樂商業中心
19字樓1903室
電話◎2529-1778　傳真◎2527-0904
總 編 輯—許婷婷
副總編輯—平　靜
責任編輯—蔡維鋼
美術設計—嚴昱琳
行銷企劃—謝乙甄
著作完成日期—2024年
初版一刷日期—2025年04月

法律顧問—王惠光律師

讀者服務傳真專線◎02-27150507
電腦編號◎342071
ISBN◎978-626-7650-25-7
Printed in Taiwan
本書定價◎新台幣340元/港幣113元